Meister Eckhart

Meister Eckhart

Texte und Kommentar
von Gerhard Wehr

marixverlag

Bibliografische Information der Deutschen Nationalbibliothek
Die Deutsche Nationalbibliothek verzeichnet diese
Publikation in der Deutschen Nationalbibliografie;
detaillierte bibliografische Daten sind im Internet über
http://dnb.d-nb.de abrufbar.

Covergestaltung: Nicole Ehlers, marixverlag GmbH
Bildnachweis: Ullstein Bild, Berlin
Lektorat: Dr. Bruno Kern, Mainz
Satz und Bearbeitung: Medienservice Feiß, Burgwitz
Der Titel wurde in der Stempel Garamond gesetzt.
Gesamtherstellung: CPI books GmbH, Ulm
Printed in Germany

ISBN: 978-3-86539-247-3

www.marixverlag.de

Inhalt

Einführung

Eckhart – eine Norm setzende Autorität

Gestalt und Werk Meister Eckharts üben seit Langem eine starke Faszination aus, innerhalb wie außerhalb der Kirchen – und dies weltweit, denkt man daran, mit welchem Interesse seine Schriften auch im Fernen Osten gelesen werden, etwa von Zen-Buddhisten und Hindu-Philosophen. Das ergibt sich aus der interreligiösen Verbundenheit all jener, die nach einer in Geschichte und Gegenwart wirkenden *Ökumene des Geistes* Ausschau halten.

Als Haupt und Höhepunkt der deutschen Mystik ist Eckhart zunächst ins Bewusstsein vieler in die abendländische Geistesgeschichte eingegangen. An Rühmungen fehlt es nicht, so unterschiedlich diese da und dort ausgefallen sein mögen. Aber es fehlt auch nicht an prinzipiellem Widerspruch, mit der Frage: War er überhaupt ein Mystiker? Dabei ist es von zweitrangiger Bedeutung, wie man Leben und Werk eines Menschen etikettiert und zuordnet, zumal schon der Begriff „Mystik“

nicht ein für allemal zu definieren ist. Überblickt man die letzten beiden Jahrhunderte der Wirkungsgeschichte Eckharts, das heißt seit der Zeit seiner Wiederentdeckung in den Tagen Hegels und des – ebenfalls wieder zu entdeckenden – Münchener Philosophen Franz von Baader zu Beginn des 19. Jahrhunderts, dann kommen ebenfalls recht unterschiedliche Urteile zu Gehör, die unter anderem den Stand der Forschung, aber auch den Beobachtungsort der Forschenden widerspiegeln.[1] Einige Beispiele:

Seine erste Eckhart-Lektüre, die ihm Franz von Baader (1824) vermittelt hatte, beantwortete Hegel mit dem begeisterten Ausruf: „Da haben wir ja, was wir wollen!" Und Baader selbst, der dies bezeugte und der durch den später vielgerühmten Dominikaner die metaphysische Erkenntnis der zeitgenössischen idealistischen Philosophie vorweggenommen sah, fügte seinem Bericht hinzu: „Eckhart wird mit Recht der Meister genannt. Er übertrifft alle Mystiker ... Ich danke Gott, dass er mich in den philosophischen Wirren mit ihm hat bekannt werden lassen. Das hoffärtige alberne Affengeschrei gegen die Mystik konnte mich nun nicht mehr irre machen ..."[2] In Parenthese mag man hinzufügen, dass es mittlerweile – je nach gängiger Mode – auch ein

1 Der renommierte Philosophiehistoriker Kurt Flasch signalisierte u.a. mit einem Essay, welche Einschätzung er vertrat, indem er formulierte: Meister Eckhart – Ein Versuch, ihn aus dem mystischen Strom zu retten, in: Gnosis und Mystik in der Geschichte der Philosophie. Hrsg. Peter Koslowsky. Zürich 1988, S. 94 ff. – Kurt Flasch: Meister Eckhart. Die Geburt der „Deutschen Mystik" aus dem Geist der arabischen Philosophie. München 2006.

2 Zit. bei Ernst Benz: Schelling. Werden und Wirken seines Denkens. Zürich-Stuttgart 1955, S. 10.

„Affengeschrei für die Mystik“ (in Gestalt von Mystizismus!) gibt, wodurch ihr sehr viel mehr geschadet als genützt wird.

So erblickten die einen in Eckhart den „Vater der deutschen Spekulation“ (J. Bach); andere sahen mit dem „Haupt der deutschen Mystik“, so der Hegel-Schüler Karl Rosenkranz, „einen neuen Tag in der Geschichte des Geistes“ (W. Preger) anbrechen. Der deutschnationalen Überzeichnungen oder gar der krassen Missdeutungen, wie sie etwa durch den NS-Ideologen Alfred Rosenberg samt braunem Anhang erfolgt sind, muss an dieser Stelle nicht eigens gedacht werden. Wer wie er in Eckhart den „Schöpfer einer neuen Religion“[3] erblicken möchte und sein religiöses Denken mit der ebenfalls zeitüblichen rassistischen Ideologie vermengt, hat weder ihn noch seine Botschaft begriffen.

Aspekte der Mystik

Dennoch: Eckharts Name leuchtet weithin, aus guten Gründen und „ohne warum“ (*sunder warumbe*). Einer zusätzlichen Begründung bedarf es nicht. Es ist der Name des religiösen Denkers und Lehrers, des Predigers, des weitgereisten, einfühlsamen Nonnen-

3 Alfred Rosenberg: Der Mythus des 20. Jahrhunderts. München 1936, S. 239. – Dazu kritisch Gerhard Wehr: Mystik im 20. Jahrhundert. Gütersloh 2011. Und ganz abgesehen von dem nationalsozialistischen Chefideologen Rosenberg kann nicht unerwähnt bleiben, dass auch namhafte Erforscher der Werke Eckharts oder Jakob Böhmes – August Faust, Hans Grunsky, bis zu einem gewissen Grade auch Josef Quint u.a. – zumindest zeitweise deutsche Mystik mit einem braunen Mystizismus vermengt haben.

seelsorgers und – aus heutiger Sicht – des geistlichen Schriftstellers. Es ist der Name eines mystisch Erfahrenen, auch wenn dieses Zeugnis bei einem Zweig der Forschung auf Widerspruch stößt oder mit einigem Vorbehalt reflektiert wird, falls man Mystik von einer Phänomenologie aufweisbarer, gar paranormaler Erlebnisse oder Durchbrüche abhängig machen wollte.[4] Doch Letzteres hängt zu einem nicht geringen Teil mit der Kontroverse darüber zusammen, was jeweils unter „Mystik" zu verstehen sei.[5] Diese hat nichts zu tun mit einem weltflüchtigen oder gar wirklichkeitsfeindlichen Mystizismus. Um es vorweg anzudeuten: Meister Eckhart schöpft seinen Glauben und sein Erkennen aus den Tiefen einer vom Geistfeuer Gottes durchglühten Erfahrung, und zwar der vom Evangelium her gedeuteten Gotteserfahrung. Oder, an ein Wort Jean Gebsers anknüpfend: Eckharts Spiritualität hat in Analogie zum Zen „nichts mit verschwommener Mystik (d.h. Mystizismus) zu tun", wobei schon die Formulierung „verschwommene Mystik" verräterisch und damit abgrenzend genug sein dürfte.

Auf der anderen Seite richtete sich Eckharts und seiner Schüler Streben auf die Verwirklichung des spirituell

4 Vgl. Anmerkung 1.

5 So ist – im abendländisch-christlichen Bereich – zu unterscheiden: *Mystik* als „cognitio dei experimentalis", d.h. als eine auf Erfahrung gegründete, die Mitte der Existenz ergreifende und erleuchtende Gotteserkenntnis; andererseits sollte man von *Mystologie* sprechen, wenn es sich um die Erforschung und Interpretation dieser Erfahrungswelt handelt; schließlich wäre von *Mystagogie* zu sprechen, wenn die Anleitung und Vermittlung auf dem Weg mystischer Erfahrung gemeint ist. Hierzu u.a. Gerhard Wehr: Europäische Mystik – zur Einführung. Hamburg 1995, S. 7 ff.

Empfangenen inmitten der Welt, geradezu „in allen Dingen". Das Zentrum seines Lebensgeheimnisses und seiner Lehrmitteilungen bildet die Vorstellung von der *Gottesgeburt in der menschlichen Seele*. In ihr vollzieht sich die Geburt des Sohnes aus dem Vater. Und das Unerhörte dieser Kunde liegt für Eckhart darin, dass der Mensch als Ort und Ursache dieses Ereignisses zu gelten habe. Kein Wunder, dass er durch die Kühnheit seiner Predigten und Traktate die kirchliche Inquisition auf sich aufmerksam machte. Auf einem anderen Blatt steht, dass gerade dies immer wieder ein Anlass war, dass sich ungebetene Eckhart-Verehrer auf ihn beriefen, als ließe sich seine reiche, zugleich spirituell-brisante Hinterlassenschaft beliebig ausbeuten.

Und was die Reichweite seiner Ausstrahlung anlangt, so wäre auf Eckharts hohe Wertschätzung im buddhistischen Bereich eigens hinzuweisen. So ist es beispielsweise bemerkenswert, welche Erfahrungen der in der westlichen Welt bekannte Zen-Buddhist D.T. Suzuki (1870 – 1966) in der Begegnung mit dem deutschen Dominikaner gemacht hat. Er berichtet: „Als ich zum ersten Mal … ein kleines Buch mit einigen von Meister Eckharts Predigten las, beeindruckten diese mich tief, denn ich hatte niemals erwartet, dass irgendein christlicher Denker – gleich, ob alt oder modern – solch kühne Gedanken hegen würde, wie sie in diesen Predigten ausgesprochen wurden. Wenn ich mich auch nicht erinnere, welche Predigten das kleine Buch enthielt, so weiß ich doch: Die darin geäußerten Gedanken waren buddhistischen Vorstellungen so nahe, dass man sie fast mit Bestimmtheit als Ausfluss buddhistischer Spekulation hätte bezeichnen können. Soweit ich es beurteilen kann, scheint mir Eckhart ein ungewöhnlicher ‚Christ' zu sein."[6]

Ein Christ eigener Prägung

Auf ihn, den „ungewöhnlichen Christen", hat man sich freilich einzustellen, wenn immer man sich in Eckharts Schriften vertieft. Und worin dies Ungewöhnliche besteht, das heißt aus welcher Perspektive man ihn zu lesen hat, geht aus dem Zeugnis hervor, das wir einem seiner unmittelbaren Schüler, dem Dominikaner Johannes Tauler, verdanken, als er in einer Predigt den einst wie heute gültigen, zugleich mahnenden Hinweis aussprach:

„Euch belehrt und zu euch spricht ein liebwerter Meister, aber ihr begreift nichts davon. Er sprach (nämlich) aus der Ewigkeit, und ihr versteht es nach der Zeit."[7]

Es könnte ja sein, was nur allzu oft geschehen ist, dass man sich wohlmeinend die Worte des „liebwerten Meisters" gefallen lässt, sich wieder und wieder auf ihn beruft, ohne ihn letztlich in seiner Höhe und Tiefe verstanden

---

6 D.T. Suzuki: Der westliche und der östliche Weg (Mysticism Christian and Buddhist, 1957). Frankfurt/Main 1960. Ullstein Bücher 299, S. 13. – Vgl. Shizuteru Ueda: Die Gottesgeburt in der Seele und der Durchbruch zur Gottheit. Die mystische Anthropologie Meister Eckharts und ihre Konfrontation mit der Mystik des Zen-Buddhismus. Gütersloh 1965. – Ders.: Der Zen-Buddhismus als „Nicht-Mystik" unter besonderer Berücksichtigung der Mystik Meister Eckharts, in: Transparente Welt. Festschrift zum 60. Geburtstag von Jean Gebser. Hrsg. Günter Schulz. Bern 1965, S. 291 – 313.

7 Johannes Tauler in der Predigt Nr. 15 „Clarifica me, pater charitate"; vgl. Johannes Tauler: Predigten, Bd. I, Einsiedeln 1979, S. 103.

zu haben.[8] Diese Feststellung rührt an die nicht zu leugnende, immer wieder zu machende Beobachtung, dass Eckhart von Hörern und Lesern, Männern wie Frauen ein besonderes Maß an Verständnisfähigkeit und -bereitschaft verlangt, die jedoch nicht überall vorhanden ist. Auch akademische Grade oder Titulaturen bieten dafür nicht die erforderliche Gewähr. Und für so manche der zu Eckharts Füßen Predigt oder Lesung hörenden Nonnen mochte gegolten haben, was eine von ihnen rührend-unbeholfen aufgezeichnet hat:

Der weise Meister Eckehart will uns vom Nichtse sagen.
Doch wer das nicht versteht, der mag es Gotte klagen,
in den hat nicht geleuchtet, der götteliche Schein.

Mit anderen Worten: Wenn der weise Meister Eckhart vom Mysterium des göttlichen Nichts lehrt und kündet, der jeweilige Hörer jedoch keine Ahnung hat, was eigentlich gemeint ist, dann mag der es dem lieben Gott klagen. Kein Wunder, in den hat eben das göttliche Licht nicht geleuchtet, ohne das die Tiefe der Gotteserkenntnis, selbst und gerade in ihrer Widersprüchlichkeit, nicht auszuloten ist. Er, der Prediger, spricht aus der Dimension der Ewigkeit heraus, während die Unerleuchteten noch mit zeitlichen, vergänglichen Vorstellungen behaftet sind.

8 Kurt Ruh: Meister Eckhart. Theologe, Prediger, Mystiker. München 1985, S. 11.

Leben und Werk

Wer den Versuch unternimmt, sich mit dem Leben Eckharts bekannt zu machen, der muss sich mit einem Minimum an gesicherten Daten begnügen.[9] Weder der Ort seiner Geburt noch der seines Todes lässt sich eindeutig bestimmen. Wenn eine seiner in Paris gehaltenen Predigten die Notiz „echardus de hochheim" enthält, dann heißt das zusammengefasst: Eckhart ist um 1260 in Thüringen geboren. Sein Familienname lautet auf *Eckhart von Hochheim,* wobei Hochheim oder Tambach unweit von Gotha als Geburtsort in Frage kommt. Und das erste gesicherte Datum seines Lebens fällt auf den 18. April, es ist Ostern des Jahres 1294. Da wird Bruder Eckhart (frater ekhardus) in seiner Funktion als Dozent (lector sententiae) an der theologischen Fakultät der Universität Paris genannt, ein Ordensmann, der gerade seine Lebensmitte erreicht hat. Paris ist im 13./14. Jahrhundert Standort einer der ersten europäischen Universitäten, der Sorbonne, benannt nach Robert de Sorbonne (gest. 1274).

Vorausgegangen ist der Eintritt in den Dominikanerorden, der zu dieser Zeit bereits durch leuchtende Namen ausgezeichnet ist. An erster Stelle sind Albertus Magnus und Thomas von Aquin zu nennen. Wir wissen nicht, was ihn oder die Familie bewogen haben mag, dass Eckhart ins Kloster ging, um ein Mönch zu werden, anstatt etwa als Landedelmann sein Landgut zu betreuen, der Jagd nachzugehen, Turniere auszutragen und im

---

9 Kurt Ruh a.a.O. S. 19 ff. – Gerhard Wehr: Meister Eckhart in Selbstzeugnissen und Bilddokumenten. Reinbek 1989 (Rowohlt Monographie rm 376).

Kriegsfall dem König Heerfolge zu leisten. Freilich, als Eckhart geboren wird, dauert noch die „kaiserlose, die schreckliche Zeit“ des sogenannten Interregnums an (bis 1273). Ein anderes, in die abendländische Kirchengeschichte einschneidendes Ereignis steht nahe bevor: die „Babylonische Gefangenschaft“ der Päpste, die zwischen 1309 und 1377 in Avignon residieren und dort ein Finanzimperium von noch nicht da gewesenem Ausmaß aufbauen. Es war weder das erste noch das letzte Mal, dass die Kirche käuflich geworden ist!

Zeichen ganz anderer Art werden gesetzt, in Gestalt der ersten gotischen Dome und Kathedralen, sichtbarer Ausdruck einer himmelan strebenden, zugleich in die Tiefe des Seelengrundes eindringenden mystisch getönten Frömmigkeit. Das Innerliche wie das Übernatürliche scheinen sich auf diese Weise den Sinnen kundtun zu wollen. Ein hohes technisch-organisatorisches Vermögen, eine erlesene künstlerische Gestaltungskraft, die sich mit der menschlichen Ratio vereint, um letztlich der Gottheit den ihr angemessenen Tempel zu errichten. Er stellt wiederum eine Entsprechung zu der herrschenden religiösen Philosophie dar, der *Scholastik.* Mittels dieses schulmäßig gepflegten Wissens ist man bestrebt, das, was wir wissen, mit dem zu verknüpfen, was wir glauben. Und was die *Theologia mystica* anlangt, so gilt es, eine auf Erfahrung gegründete Gotteserkenntnis zu erlangen. So lautet seit dem französischen Theologen Johannes (Jean) Gerson (1363 – 1429) die zugrunde gelegte Definition für Mystik *cognitio dei experimentalis et non doctrinalis.* Mystiker oder Mystikerin kann somit nur sein, wer seine/ihre Gewissheit der Anwesenheit Gottes auf Erfahrung gründet, auf ein Innewerden, das freilich kritischer Absicherung bedürftig ist. Und, so formuliert denn auch der Jesuit Karl Rahner (1904 – 1984) für heute und morgen: „Der Fromme von morgen wird Mystiker sein, einer, der etwas erfahren hat, oder er wird nicht mehr sein …“[10]

Der junge Eckhart tritt ins Dominikanerkloster in Erfurt ein. Nach dem obligatorischen Noviziat unterwirft er sich den drei monastischen Gelübden der Armut, der Ehelosigkeit und des Gehorsams, wie wir sie seit den Tagen Benedikts von Nursia (6. Jahrhundert) kennen. Der Spanier Dominikus (1170 – 1221)[11] ist es gewesen, der etwa ein knappes Jahrhundert zuvor, im Jahre 1215 in Toulouse die Gemeinschaft dieser „Predigerbrüder“ (ordo praedicatorum, OP) ins Leben rief, einen Orden, der in der geistig-religiösen Krise seiner Zeit mit der Botschaft des Evangeliums, auch mit dem Schwert des Geistes, zu wirken hatte. Die durch eine manichäisch anmutende Lehre und durch eine asketisch strenge Lebensführung gekennzeichneten Katharer[12] waren in Südfrankreich auf den Plan getreten und stellten eine große Herausforderung für die bereits stark verweltlichte römische Kirche dar. Durch Predigt und geistvolle Disputation, nicht zuletzt durch eine vertrauenswürdige Lebensführung sollte diesen „Ketzern“ wirkungsvoll entgegengetreten werden.[13] Es bedurfte somit eines ei-

---

10 Karl Rahner: Frömmigkeit früher und heute, in: ders.: Schriften zur Theologie, Bd. 7, Einsiedeln 1971, S. 22.

11 Dominikus. Herausgegeben und eingeleitet von Vladimir J. Koudelka. Olten 1982.

12 Gerhard Wehr: Gnosis, Gral und Rosenkreuz. Esoterisches Christentum von der Antike bis heute. Köln 2007, S. 199 ff.

13 Malcolm Lambert: Ketzerei im Mittelalter. Häresien von Bogumil bis Hus. München 1981. – Lothar Baier: Die große Ketzerei. Verfolgung und Ausrottung der Katharer durch Kirche und Wissenschaft. Berlin 1984. – Déodat Roché: Die Katharer-Bewegung. Urprung und Wesen.

gens für diesen Zweck geschulten Ordens. Dass ihm die Inquisition mit all ihrer Fragwürdigkeit oblag, ist nicht zu leugnen. Ein Bettelorden sollte es sein, zum einen, weil es einer gewissen Beweglichkeit bedurfte, um den rasch sich ausbreitenden Sektierern an möglichst vielen Orten entgegentreten zu können. Die reich gewordene, saturierte Kirche war als solche unglaubwürdig geworden. Zum anderen sollte der praktizierte Armutsgedanke mit der erforderlichen Nachhaltigkeit zum Ausdruck gebracht werden. Dass es den Dominikanern – jenen scherzhaft apostrophierten „Hunden des Herrn" (*domini canes*) – beschieden sein sollte, der alsbald installierten Inquisition zu dienen, tatsächlichen und vermeintlichen Feinden der Kirche dem „weltlichen Schwert" auszuliefern, sei hier zumindest angemerkt.

Ein biographisches Faktum von Eckharts Erfurter Zeit entnehmen wir der Überschrift zu dem frühen Werk seiner „Reden der Unterweisung" (bzw. der Unterscheidung), das wohl um bzw. vor 1298 niedergeschrieben worden ist. Einleitend heißt es da: „Das sind die Reden, die der Vikar von Thüringen, der Prior von Erfurt, Bruder Eckhart, vom Predigerorden, mit solchen (geistlichen) Kindern geführt hat, die ihn zu diesen Reden nach vielem fragten, als sie zu abendlichen Lehrgesprächen (*collationes*) beieinandersaßen."

Der noch nicht Vierzigjährige ist demnach zu diesem Zeitpunkt nicht nur ein in seinem Orden geachtetes Mitglied in leitender Stellung und Vorsteher seines Erfurter

Stuttgart 1992. – Malcolm Lambert: Geschichte der Katharer. Aufstieg und Fall der großen Ketzerbewegung. Darmstadt 2001.

Konvents. Er bekleidet darüber hinaus auch das Amt eines Vikars seines Ordens in Thüringen. Noch ist er „Bruder“ (frater), das heißt, er bekleidet noch nicht den späteren geistlich-akademischen Rang eines „Meisters“ (magister), was dem akademischen Rang eines Professors entspricht. Doch die Tatsache, dass ihm die Lehre obliegt, dass er schon durch diese frühen Texte seine umfassende, sich noch erweiternde philosophische und biblisch-theologische Bildung unter Beweis stellt, deutet auf seine besondere Qualifikation hin. Als Prior hat er vor allem als geistlicher Berater und Seelenführer seiner jüngeren Brüder zu dienen. Es handelt sich hierbei gewissermaßen um eine Einübung in seinen späteren Auftrag zur Nonnenseelsorge in oberdeutschen Klöstern, zum Beispiel in Straßburg und Umgebung.

1302/03 sendet ihn die Ordensleitung ein weiteres Mal nach Paris. Es handelt sich um das erste Pariser Magisterium, denn nun erlangt er die Promotion zum Magister der Theologie. Man muss sich dabei immer vor Augen halten, dass Professor Eckhart, der „Meister“, als ein im Sinne der Scholastik wirkender Hochschullehrer zu verstehen ist. Für ein Jahr ist er als „magister actu regens“ mit der Bibelauslegung betraut. Auch sein älterer Ordensbruder Thomas von Aquin hatte einst in der Stadt an der Seine seine Magisterpromotion erlangt, ehe er sich dem Verfassen seiner berühmten Werke, der „Summa contra gentiles“ und der „Summa theologiae“, widmen konnte.

Eckhart folgt dieser Tradition, die über Thomas und Albertus Magnus zu den Trägern der platonisch-neuplatonischen Philosophie zurückreicht, etwa über Hugo und Richard von Sankt Viktor, Skotus Eriugena, dem ebenso berühmten wie ominösen Dionysius Areopagita (um 500) bis hin zu Plotin und zum „göttlichen“ Platon. Seine besondere Hochachtung aber galt Augustinus, dem richtungweisenden Kirchenvater des Abendlandes.

Diese großen Geister, deren Denken durch die Gabe eines geistigen Schauens und Intuierens geprägt ist und somit mystische Züge trägt, bilden die Ahnenkette für alle diejenigen, die – mit Eckhart – nicht länger bloße „Lesemeister“ sein wollen, sondern sich als „Lebemeister“ bewähren. Für Eckhart heißt das: Er selbst will nicht nur Gelehrter sein, der in literarischer Abhängigkeit verharrt – wiewohl seine Predigten und Schriften immer wieder auf Zitate jener „großen Pfaffen“, wie er sich gelegentlich ausdrückt, Bezug nehmen. Darüber hinaus will der Meister vor allem „Lebemeister“ sein, der das geistig Errungene ins konkrete Leben hinein umsetzt und indem er die ihm Anvertrauten zum Leben im Geiste anleitet.

Weil das so ist und weil sich die Ordensleitung der hohen Qualitäten ihres Bruders deutlich bewusst ist, lässt sie ihn nicht länger nur im fernen Frankreich wirken. Sie ruft ihn in die Heimat zurück. Immer neue Dominikaner- und Dominikanerinnenklöster sind in jenen Jahren im Entstehen begriffen. Sie verlangen eine prägende Führung, die über das rein Organisatorische und über das äußere Reglement hinausreicht. Eckhart wird zum Provinzial der Ordensprovinz Saxonia ernannt. Ihm unterstehen nicht weniger als 47 Dominikanerkonvente. Bedenkt man, dass die hierfür erforderlichen Visitationen jeweils durch Anreise zu Fuß erledigt werden mussten, dann deutet dies angesichts der damaligen Wegeverhältnisse darauf hin, dass ein solcher Visitator bei guter Gesundheit gewesen sein muss. Sein zeitweiliger Sitz ist wieder Erfurt. Selbst die Ernennung zum Generalvikar, das heißt zum Stellvertreter des Ordensgenerals, fällt in diese Zeit (1307).

Der wiederholte Wechsel zwischen der Bewältigung von Ordensangelegenheiten und der philosophisch-theologischen Lehre kommt in Eckharts Leben dadurch zum Ausdruck, dass er ein weiteres Mal, nämlich 1311 bis 1313, Paris aufsucht. Es handelt sich um sein zweites Magisterium. Er arbeitet unter anderem an seinem lateinischen Werk, das als das „dreiteilige" (*opus tripartitum*) bekannt geworden ist. Hinzu kommen biblische Kommentare, etwa des Johannesevangeliums. Im Anschluss daran finden wir den Vielbeschäftigten 1314 – 1322 in leitender Funktion in Straßburg. Weil den Dominikanern insbesondere die Nonnenseelsorge (*cura monialium*) übertragen worden ist, steht diese Seelsorge an dominikanischen Klosterfrauen nun im Mittelpunkt seiner dortigen Tätigkeit. Auf diese Weise lernt er die Nöte, auch die nicht immer unproblematischen inneren Erlebnisse solcher Nonnen kennen. Er hat beispielsweise eine Antwort zu finden auf Erfahrungen, die mit allerlei unkontrollierten visionären Erscheinungen zusammenhängen, in denen fromme Innerlichkeit bisweilen mit emotional-hysterischem Überschwang vermengt ist.[14] Wogegen er sich wenden muss, das ist das einst wie heute immer wieder anzutreffende Bestreben, auf eine bestimmte, methodisch beherrschbare „Weise" oder Methode zu speziellen Gotteserfahrungen zu gelangen, die auch als „mystisch" bezeichnet werden. Eben diese je und je ausgesprochene

14 Otto Langer: Mystische Erfahrung und spirituelle Theologie. Zu Meister Eckharts Auseinandersetzung mit der Frauenfrömmigkeit seiner Zeit. München-Zürich 1987.

wie unausgesprochene Frage: „Wie gelangt man zu …" weist er konsequent ab. So wesentlich die spirituelle Erfahrung in ihrem Gesamtumfang und in ihrer Tiefe im religiösen Leben sein mag, gerade der „Mystiker" Eckhart muss darauf drängen, *„weiselos"* sich der Wirkung des göttlichen Geistes zu öffnen und sich nicht von irgendwelchen Stimmungen oder spektakulären Phänomenen überschwemmen zu lassen. Das wohlige Spüren und Empfinden stellt im religiösen Leben eine Gefahr dar. Es schiebt sich das genießerische „Erfahren-Wollen" gewissermaßen zwischen den Menschen und dem, was über Bitten und Verstehen, auch über die Erfahrbarkeit als das Eigentliche der Gotteswirklichkeit hinausreicht. Daher seine Forderung auf radikalen Verzicht, das *Lassen*. Es ist die kompromisslose Forderung gerade des erklärten „Lebemeisters", dem es aufgetragen ist, zum geistlichen Leben mystagogisch anzuleiten. Und so paradox es klingt: Anders als in der Weg- und Weiselosigkeit gibt es für den in diesem Sinne praktizierenden Mystiker und für die Mystikerin keinen, jedenfalls keinen absichtsvoll zu bahnenden Weg zu Gott. Der ist dem menschlichen Zugriff entzogen. Wie muss man sich nun diese *Weiselos*igkeit vorstellen?

Da soll, so erzählt der Prediger einmal, ein Kardinal den Mystiker Bernhard von Clairvaux gefragt haben: „‚Warum soll ich Gott lieben und auf welche Weise?' Sankt Bernhard antwortete: ‚Das will ich Euch sagen: Gott (selbst) ist der Grund, warum man ihn liebhaben soll. Die Weise (dieser Liebe) aber ist: *ohne* Weise, denn Gott ist nichts; nicht so, dass er ohne Sinn wäre: Er ist (vielmehr) weder dies noch das, was man auszusagen vermag. Er ist ein Sein über allen (denkbaren) Seins(weisen).

Er ist ein weiseloses Sein. Darum muss die Weise, mit der man ihn liebhaben soll, weiselos sein, das heißt: über alles hinaus, was man zu sagen vermag.‘“[15]

Nach der Straßburger Seelsorgetätigkeit, die den Prediger aufgrund seiner Zuständigkeit auf seinen Wanderungen von Kloster zu Kloster bis in die Schweiz hineingeführt hat, ruft man ihn nach Köln zurück. Zuvor sind einige Schriften entstanden: „Das Buch der göttlichen Tröstung“ (*Liber Benedictus Deus*) und „Vom edlen Menschen“, dazu zahlreiche Predigten, die er wohl offensichtlich zum Teil selbst schriftlich niedergelegt hat. Auch jüngeren Ordensbrüdern, unter ihnen Heinrich Seuse und Johannes Tauler, ist er begegnet. Sie sind, wie wir aus wenigen Äußerungen in deren Predigtwerken wissen, von dem „liebwerten“ und „hohen Meister“ stark beeindruckt.[16] In Köln fungiert er nun als der Leiter des Generalstudiums der Dominikaner. Eckhart hat inzwischen das 60. Lebensjahr überschritten.

Es wäre jetzt zu erwarten, dass der auf vielen Feldern seiner langjährigen Studienzeit, seiner Lehr-, Predigt- und Seelsorgetätigkeit Erfahrene auch kirchlicherseits endlich die verdiente Anerkennung erhalten würde. Aber diese wenigen ihm noch verbleibenden Jahre sind für ihn von einer tiefen Tragik überschattet. Es ist die Tragik eines Menschen, der nach dem Gesetz, unter dem

---

15 Eckhart: DW (Deutsche Werke) 5, 403, 18 ff., zit. bei Alois M. Haas: Meister Eckhart als normative Gestalt geistlichen Lebens. Einsiedeln 1979, S. 24 f. – Vgl. ferner Otto Langer: Mystische Erfahrung und spirituelle Theologie. Zu Meister Eckharts Auseinandersetzung mit der Frauenfrömmigkeit seiner Zeit. München-Zürich 1987, S. 237.

16 Heinrich Seuse / Johannes Tauler: Mystische Schriften. Werkauswahl von Winfried Zeller, herausgegeben von Bernd Jaspert. München 1988 (DG 74).

er angetreten ist, ein Stadium der Reife und erkenntnismäßigen Differenzierung erreicht hat, zu dem hin ihm nur ganz wenige zu folgen vermögen. Blieb der literarische Ertrag seiner Pariser Hochschularbeit im Wesentlichen den philosophisch Geschulten vorbehalten, waren die lebenspraktisch ausgerichteten Lehrgespräche und Traktate, gleichsam „geerdet", d.h. auf die Konkretheit des Lebens bezogen, so birgt das Eckhart'sche Predigtwerk, wie bekannt, viel Brisantes, hart an den Rand der öffentlichen Verkündigung Führendes. So müssen es namentlich solche Christen empfinden, die gar nicht an die Grenzen des Begreifbaren und Aussagbaren geführt werden wollen. Mit anderen Worten: In seinen volkssprachlichen, also auf Deutsch gehaltenen Predigten erhebt sich der in paradoxer und kühner Rede sich äußernde Mystiker wie im Adlerflug über die Gefilde einer nur das Dogma wiederholenden und auslegenden Normaltheologie hinweg. Identifizieren lässt sich Eckhart als ein Christ, der sich der Tiefe und Tragweite des Gotteswortes bewusst ist. Dabei will er keinesfalls gegen die Bekenntnisse der Kirche polemisieren, die ja „seine" Kirche ist. Dieser im besten Sinn des Wortes „freie Geist" ist dennoch alles andere als ein von außen betrachteter „Freigeist". Er denkt nicht daran, die Schwachen im Glauben zu verunsichern. Aber zweifellos scheut er sich gegebenenfalls nicht, die menschlich-allzu-menschlichen Gottesbilder infrage zu stellen. Man könnte auch sagen: Ihm liegt daran, auf die Höhen und Tiefen des im Dogma formelhaft Aufgehobenen aufmerksam zu machen. Doch übersteigt dies – geradezu notwendigerweise – nicht das Verständnisvermögen der vielen, die nur eine leichtere Kost vertragen?

Der Ketzerei verdächtigt

Unerwartetes und doch eines Tages zu Befürchtendes tritt ein. Auch ein Dominikaner von der Statur eines Meister Eckhart ist nicht gegen schlimme Verdächtigungen gefeit. So wird der gefeierte Prediger und Lehrer, der mystische *Lebemeister* zu einem ernsten Problem für die Oberen der Kirche. Der Kölner Erzbischof Heinrich II. von Virneburg befürchtet, durch den mittlerweile berühmten Eckhart werde eine ernste Gefahr für die Rechtgläubigkeit in seiner Diözese und für die Christenheit heraufbeschworen. Gerade weil das Gespenst der Häresie beziehungsweise der Häresieverdächtigung die Runde macht und die kirchlichen Inquisitionsgerichte an Rhein und Rhône, an nahezu allen Enden der abendländischen Christenheit voll ausgelastet sind, da ergreift der Kölner Erzbischof alsbald die Initiative. Er findet auch willige Helfershelfer, darunter nicht wenige fragwürdige! Doch das gehört offensichtlich zum Stil und zur Vorgehensweise bei den zeitgenössischen Ketzerprozessen.

Scheiterhaufen allerorten! Man übergibt missliebige Bücher dem Feuer. Und wo man Bücher verbrennt, verbrennt man alsbald auch Menschen, Christenmenschen! Eckhart selbst hat während seiner Pariser Zeit die Aburteilung einer – wie man heute weiß – überaus geistvollen Mystikerin, Margareta (Marguerite) Porete, im Jahre 1310 aus ziemlicher zeitlicher und örtlicher Nähe miterlebt oder er erlangte davon Kenntnis durch seinen Pariser Ordensbruder, der an der Aburteilung und

Tötung beteiligt gewesen ist.[17] Es ergibt Sinn, Porete in der geistigen Nachbarschaft Eckhart zu sehen. Abgesehen von den durch einen grausamen Ketzerkreuzzug vernichteten südfranzösischen Katharern waren es u.a. die Brüder und Schwestern des „freien Geistes“, die die kirchlichen Ordnungshüter nicht zur Ruhe kommen ließen. Im Übrigen konnte kaum einem Kölner Bürger und Gemeindeglied in jenen Tagen verborgen geblieben sein, dass 1325 eine größere Anzahl der ebenfalls häretisch verdächtigten Begarden verbrannt oder im Rhein ertränkt worden ist. Dies war jeweils die zu erwartende Strafe der überführten oder erpressten Ketzer.

Was nun Eckhart betrifft, so kommt es 1326 zu dem Prozess gegen ihn. Dass Nikolaus von Straßburg, ein ihm auch innerlich nahestehender Mitarbeiter, seinerseits eine mit positivem Ausgang verlaufende Überprüfung der Rechtgläubigkeit Eckharts inszeniert hat, konnte die erzbischöfliche Anklage jedoch nicht überflüssig machen. Man wird im Übrigen kaum fehl gehen, wenn man annimmt, dass gerade hierbei allerlei Interessen im Spiele gewesen sind, deren Motive heute nicht mehr eindeutig erhellt werden können. Mancherlei spricht dafür, dass einerseits Neid, andererseits der Vernichtungswille des Erzbischofs zur Anklage bei der Inquisition geführt haben. Konkret: Eine Anzahl von Sätzen aus diversen Eckhart-Texten wird als mit dem Dogma der Kirche in offensichtlichem Widerspruch befindlich empfunden, an-

17 Margareta Porete: Der Spiegel der einfachen Seelen. Wege der Frauenmystik. Zürich-München 1987. – Kurt Ruh: Meister Eckhart – Theologe, Prediger, Mystiker. München 1985, S. 94 – 114. – Irene Leicht: Marguerite Porete – eine fromme Intellektuelle und die Inquisition. Freiburg 1999.

dere klingen nach Meinung der kirchlichen Inquisitoren zumindest häretisch und seien geeignet, die Gemüter der gläubigen Gemeinde zu verwirren, und dies bei einem Meister des Wortes und der philosophisch versierten Bildung![18] Eines fällt auf: In keinem Fall wurde die Intention sowie der Textzusammenhang der inkriminierten Stücke unter die Lupe genommen. Immer handelte es sich um Zitate, die zuweilen noch in verkürzter Form oder durch Rückübersetzung ins Lateinische der Missdeutbarkeit ausgesetzt waren!

Eckhart ließ die von Denunziation und gezielter Verleumdung durchsetzten Anklagen nicht passiv über sich ergehen. Er verfasste eine sogenannte Rechtfertigungsschrift und schickte im Januar 1327 eine Appellation an den in Avignon residierenden Papst Johannes XXII. Das geschah unter Hinweis auf die Unrechtmäßigkeit des gesamten Verfahrens, zumal sein Leben und seine Lehre bislang im vollen Einklang mit der Kirche und mit seinem Orden gestanden haben. Andererseits müsse er seinen Anklägern Unverstand und Geistesbeschränktheit, ja unverkennbare Bosheit vorwerfen. Und damit auch seine Kölner Hörergemeinde über den Stand der Dinge nicht im Unklaren bliebe, gibt er wenig später in der Kölner Dominikanerkirche eine öffentliche Erklärung ab, ehe er sich auf die Reise nach Südfrankreich begibt, von der er nicht mehr zurückkehrt.

Wie es ihm in Avignon oder auf dem Weg oder Rückweg ergangen sein mag, wissen wir nicht. Denn als das Urteil zum päpstlichen Prozess erfolgte und durch die Bulle „In agro dominico" vom 27. März 1329 publik

18 Über Eckharts Prozessverlauf vgl. Kurt Ruh: Meister Eckhart, S. 169 – 186.

gemacht wurde, lebte Eckhart schon nicht mehr. Als sein wahrscheinlicher Todestag wird der 28. Januar des Jahres 1328 angegeben.[19] Das Urteil selbst entsprach einer totalen Niederlage, denn mit den 28 verurteilten Sätzen bescheinigte das höchste „geistliche“ Gericht der Christenheit, dieser Eckhart habe „mehr wissen wollen als nötig war“; er habe „sein Ohr von der Wahrheit abgekehrt und Erdichtungen zugewandt“; mit einem Wort: Er sei ein „irregeleiteter Mensch“. Auch so lässt sich über Meister Eckhart urteilen!

Alles in allem eine überaus infame Behandlung eines inspirierten Christenmenschen; eine Behandlung, die die Wahrheit Lügen straft! Und damit die Bulle nicht ungenutzt in den päpstlichen Archiven verstauben sollte, sorgten die triumphierenden „Sieger“ durch geeignete Propaganda dafür, dass Eckharts Schriften nicht länger als mit der Rechtgläubigkeit vereinbar zu sehen seien. Auf Jahrhunderte hinaus war ihnen somit ein Schattendasein beschieden. Aber zu vernichten war das Eckhart'sche Geistesgut nicht. Wie erwähnt, wurden die Texte knappe sechs Jahrhunderte nach Eckharts Tod wiederentdeckt. Meister Eckhart, diese „normative Gestalt geistlichen Lebens“ (A.M. Haas), hat nicht aufgehört zu wirken. Oder mit einem Resümee von Dietmar Mieth: „Eckhart ist heute in dreifacher Weise aktuell. Man begegnet ihm in der interkulturellen Diskussion über die mystische Erfahrung zwischen Ost und West. Es ist interessant, dass aus der Mystik des Abendlandes vor allem Eckhart für diesen Dialog ausgesucht wird. Das mag am Brücken-

19 Vgl. Acta Echardiana, hrsg. Loris Sturlese. Lateinische Werke, Band 5. Stuttgart 2006.

schlag der Philosophie liegen, der zuletzt sicherlich auch durch Martin Heidegger vermittelt wurde. Von daher fragt man wieder nach Eckharts spezifisch christlicher Theologie des geistlichen Lebens zurück. – Man begegnet Eckhart ferner bei der Rückbesinnung auf die Struktur des Funktionalismus in der modernen Wissenschaft. Das Denken in strukturellen Entsprechungen scheint bei ihm eine Grundlage zu finden. Es ist keine neue Erkenntnis, dass die spätmittelalterliche Theologie in vielfacher Weise an der Wiege der modernen Wissenschaft stand. – Zuletzt hat der marxistische Sozialpsychologe Erich Fromm mit seinem weites Aufsehen erregenden Werk „Haben oder Sein" (Stuttgart 1976) die These aufgestellt, Eckharts Lehre vom ‚wesentlichen', das heißt seinsgemäßen Menschen habe uns heute in besonderer Weise etwas zu sagen und gehöre deshalb zu den ‚seelischen Grundlagen einer neuen Gesellschaft'."[20]

Elemente seiner Lehre

„Meister Eckhart ist ein Mystiker." Das ist die stereotyp geäußerte Meinung vieler. Doch was darunter im Letzten konkret zu verstehen ist, machen sich oft selbst diejenigen nicht immer klar genug, die Meister Eckhart als „ihren Meister" deklarieren. Manche begnügen sich mit diesem Bekenntnis, ohne sich gründlicher mit ihm zu beschäftigen. Doch reicht es wohl nicht hin, sich in eine Genuss versprechende Blütenlese aus seinen Schriften

20 Dietmar Mieth, in: Meister Eckhart. Gotteserfahrung und Weg in die Welt. Olten-Freiburg 1979, S. 30.

zu vertiefen und die jeweils kühn-paradox klingenden Sentenzen vor sich hinzustellen. So ähnlich gingen übrigens die Eckhart-Inquisitoren von damals vor, natürlich in gegensätzlicher Richtung, indem sie einige Listen mit provokanten Zitaten aufstellten, um deren tatsächlichen oder vermeintlichen Häresiegehalt zu ermitteln, wenn dies nur dem erhofften und schließlich auch tatsächlich erzielten Zweck diente. Vielleicht gibt es auch eine Umkehrung dieses Verfahrens, etwa indem man möglichst brisante Eckhart-Worte heraussucht, um sie gegebenenfalls eigenen Lieblingsgedanken zu unterlegen. Missverständnis da wie dort! Erst der Zusammenhang trägt. Doch jeder Weg beginnt mit den ersten Schritten. Insofern mögen Einzelzitate als Aufforderung und Einladung verstanden werden, den anspruchsvollen Autor im Zusammenhang zu lesen. In diesem Sinn sei das Folgende aufgenommen.

Bei Eckhart handelt es sich um ein weit ausgreifendes Werk, bestehend aus den lateinischen Texten des scholastischen Philosophen – das „Opus tripartitum" wurde schon genannt – und den deutschen Werken, Traktaten und Predigten. Abgesehen vom gleichwohl bleibenden Wagnis der hier zu bietenden Auswahl, ist damit die Beschränkung auf das volkssprachliche Überlieferungsgut angezeigt. Diese Vereinfachung dürfte gestattet sein, sofern man im Bewusstsein behält: Der deutsch sprechende Prediger und Seelenführer ist zweifellos der uns nähere Eckhart, auch wenn er nicht der ganze Eckhart sein kann. Denn: „Das Philosophieren Meister Eckharts muss im systematischen Zusammenhang des Gesamtwerks gesehen werden; darin ist es ausgebreitet, und es bildet darin einen wesentlichen Bestandteil, so sehr, dass ohne die

Grundauffassung das Gesamtwerk Eckharts als ganzes und im Einzelnen nicht verstanden werden kann."[21] Insofern setzt sich die nachstehende Auswahl ein sehr viel bescheideneres Ziel, nämlich das der Hinführung und, wenn es gelingt, der Versuch, Interesse an Eckhart zu wecken.

Zum Frühwerk

„Die „Reden der Unterweisung" gelten gemeinhin als „das Hauptwerk des Priors des Predigerklosters in Erfurt"(K. Ruh). Weil Eckharts Werk in seinen einzelnen Teilen mit unterschiedlicher Zuverlässigkeit und Vollständigkeit überliefert ist, bedeutet das Urteil seines Herausgebers Josef Quint viel, wenn er darauf hinweist, dass diese „Reden" in ihrer Echtheit als „absolut gesichert" gelten können. Wir vernehmen somit mit großer Unmittelbarkeit den Erfurter Spiritualen, wie er seinen jüngeren Ordensbrüdern Wesen und Praxis des geistlichen Lebens nahebringt. Hinzu kommt – und dies ist dem heutigen Leser wichtig – , dass in diesen Reden bereits der „Mystiker" mit der ihm eigenen Ausrichtung zu Wort kommt, indem er entsprechende Akzente setzt, die auch in späteren Texten bedeutsam bleiben.
Wenn beispielsweise eingangs vom „wahren Gehorsam" die Rede ist, dann ist nicht allein an das gleichnamige mönchische Gelübde als solches zu denken. Dessen Befolgung wird naturgemäß als selbstverständlich vo-

21 Heribert Fischer: Meister Eckhart. Einführung in sein philosophisches Denken. Freiburg-München 1979, S. 36.

rausgesetzt. Der hier gemeinte Gehorsam erhält seine besondere Note noch dadurch, dass der Übende nicht nur formal gehorsam sei, indem er tut, was ihm vom jeweiligen Vorgesetzten aufgetragen ist oder was die Ordensregel zu tun verlangt. Für Eckhart ist indes von entscheidender Wichtigkeit, in welcher Haltung Gehorsam geübt wird. Daher seine Forderung, dass der gehorsame Mensch „aus seinem Ich herausgeht" und im „vollkommenen Aufgeben" egoistischer Strebungen gerade auf dem spirituellen Weg nichts für sich selbst will. Darauf wird noch zurückzukommen sein.

Entsprechendes gilt für das Herzstück christlicher Spiritualität, für das Gebet. Es ist jeweils „aus einem ledigen Gemüt" heraus zu vollziehen. Damit kommt das Motiv der Freiheit beziehungsweise des Freiwerdens ins Spiel. Es ist der Verzicht auf den Eigenwillen, wenn der Mensch, anstatt seinen Neigungen und ungeklärten Willensimpulsen zu frönen, sein ganzes Denken und Tun in das große Lassen, in die Ge-Lassenheit hineinführt. Konkretisiert und auf die knappste Formel gebracht, heißt dies in den Worten Eckharts: „Lass dich!" Dazu gehört auch: Nimm dich nicht so wichtig! Oder: „Richte dein Augenmerk auf dich selbst, auf dein eigentliches Selbst (wörtlich: ‚Nim din selbes war'), und wo du dich (man ergänze: immer noch) findest, da lass von dir ab; das ist das Allerbeste." Es handelt sich um den Grundtenor dessen, was Eckhart im inneren wie im äußeren Leben durchgehalten sehen will. Dann kann er auch fortfahren und sagen: Hauptsache sei nicht ein Tun, somit nicht ein Ego-verhaftetes Machenwollen, sondern ein Sein. Es ist jener grundsätzliche Unterschied der Haben- von der Seins-Struktur, auf die, unter Berufung auf Eckhart,

Erich Fromm mit großem Nachdruck hingewiesen hat, um die „seelischen Grundlagen einer neuen Gesellschaft" zu konturieren.[22]

Weil es dem Denker, der sich hier als ein spirituell strebender, als ein Mystagoge zur Spiritualität anleitender Mensch äußert, darum geht, nicht nur einem „gedachten", sondern einem „wesenhaften Gott" zu begegnen, deshalb lautet Eckharts Mahnung, es gelte „Gott in allen Dingen zu ergreifen", ihn nicht nur an gesonderten, als „heilig" deklarierten Orten zu erwarten. Kein Ort ist davon ausgenommen, ein Ort der Theophanie und der Gottesgegenwart zu sein: „... fürwahr, dem leuchtete Gott ebenso unverhüllt im weltlichen wie im allergöttlichsten Werk."

Bei Unterweisungen dieser Art ergeben sich nun allerlei Rückfragen, etwa Fragen nach einem praktischen Beispiel. Auf eine solche Frage mag der Erfurter Prior geantwortet haben, als er ausführte, was er offenbar immer wieder hervorgehoben hat: „Wäre der Mensch [beispielsweise] so in Verzückung, wie es Sankt Paulus war, und wüsste einen kranken Menschen, der eines Süppleins von ihm bedürfte, ich erachtete es für weit besser, du ließest aus Liebe von der Verzückung ab und dientest dem Bedürftigen in größerer Liebe." Und auf die Frage nach der Gottesgegenwart konnte Eckhart nur erwidern: „Gott geht nimmer in die Ferne, er bleibt beständig in der Nähe ..."

Wie soll man andererseits der Tatsache begegnen, dass sehr unterschiedliche religiös-geistliche Wege begangen

22 Erich Fromm: Haben oder Sein. Die seelischen Grundlagen einer neuen Gesellschaft. Stuttgart 1976, S. 65 ff.

werden? Ist etwa eine Vereinheitlichung der religiösen Formen und Glaubenshaltungen anzustreben, indem man die Menschen auf eine bestimmte Erkenntnis- oder Glaubensweise verpflichtet? Da ist Eckharts Antwort nicht minder eindeutig: „Mitnichten sind die Menschen alle auf einen [einzigen] Weg zu Gott gerufen … Gott hat der Menschen Heil nicht an irgendeine besondere Weise gebunden …, denn ein Gutes ist nicht wider das andere." So solle jeder zunächst seine eigene Weise behalten und alles andere, auf das Wesentliche gerichtete, Streben respektieren.

Als man dem Bruder Prior Fragen vorlegt, die sich aus dem Gegenüber von Natur und Gnade ergeben, wobei der Gnade oder der Heilswirklichkeit ein Vorzug gegenüber dem natürlichen Leben einzuräumen sei, antwortet Eckhart: „Gott ist nicht ein Zerstörer irgendeines Gutes, sondern er ist ein Vollbringer. Gott ist nicht ein Zerstörer der Natur, sondern ihr Vollender. Auch die Gnade zerstört die Natur nicht, sie vollendet sie vielmehr …" Im Übrigen räumt Eckhart dem Menschen einen freien Willen ein, damit er die Fähigkeit habe, in gottgeschenkter Freiheit all sein Tun ausrichte, und zwar „unzerstört und ungezwungen".

Antworten wie diese zeigen, welch eine positive, Zuversicht stiftende, insbesondere junge Menschen ermutigende Grundhaltung aus Eckharts Unterweisungen spricht. Dabei stellen sie, wie Kurt Ruh einmal bemerkt, „hohe und höchste Anforderungen an den Christenmenschen", der nach dem rechten Leben, dem Leben in der Nachfolge Christi strebt. Von einem lebensfeindlichen Asketismus ist nichts zu spüren. Eckhart erweist sich Mal um Mal als ein ebenso wirklichkeitsnaher und konsequenter Seelenführer, der die ihm anvertrauten, ihm Vertrauen schenkenden Menschen in die Freiheit der Kinder Gottes führen will. Insofern atmen seine Schriften etwas vom Geist des Apostels Paulus. Es ist ein Geist, der sich in Luthers Schrift „Von der Freiheit eines Christenmenschen" (1520) wiederfindet.

Vom edlen Menschen

In den Prozessakten ist von einem Buch, genannt „Liber Benedictus", die Rede. Der lateinische Titel bezieht sich auf ein Paulus-Wort aus dem zweiten Korintherbrief, Kap. 1, 3, wo es heißt: „Gelobt (*benedictus*) sei Gott, der Vater unseres Herrn Jesus Christus …" Dieser Gott ist hier als „Gott allen Trostes " bezeichnet. Eckhart benutzt daher dieses Wort und stellt es seinem Traktat „Buch der göttlichen Tröstung" voraus. Es ist, so vermutet ein Zweig der Forschung, der früh verwitweten habsburgischen Ungarn-Königin Agnes (1281 – 1364) gewidmet. Der Seelsorger trägt all jene Trostgründe zusammen, von denen er annimmt, dass sie der Trostbedürftigen zur inneren Stütze werden könne. Da liest man z.B.: „Alles, was der gute Mensch um Gottes willen leidet, das leidet er in Gott, und Gott ist mit ihm leidend in seinem Leiden. Ist mein Leiden in Gott und leidet Gott mit, wie kann mir dann das Leiden ein Leid sein, wenn das Leiden das Leid verliert und mein Leid in Gott und mein Leid Gott ist … Wer das nicht erkennt, der klage seine Blindheit an, nicht mich noch die göttliche Wahrheit und liebenswerte Güte." Letztlich ist alles irdische und alles irdisch bedingte Leid in Gott aufgehoben. Es ist seines belastenden Charakters entkleidet. Wie noch zu sehen sein wird, knüpft Eckart noch eine Reihe anderer Trostgedanken daran.

Schließlich mündet der Traktat in die Thematik von Eckharts eigenem Geschick ein, eben in die Mühsal des schon in Gang gekommenen Ketzerprozesses. Sein Bestreben ist es, zumindest von einem Teil seiner Zuhörer, wenn nicht selbst seiner Bestreiter verstanden zu werden. Gleichzeitig muss er sich fragen: „Was kann ich dafür, wenn jemand das nicht versteht?“ Und er entschlägt sich der Sorge mit dem Wort: „Mir genügt's, dass in mir und in Gott wahr sei, was ich spreche und schreibe.“ Es gehe ja stets darum, „dass wir die Wahrheit in uns finden und ihrer gewahr werden.“ Das ist es denn auch, was er für sich und für alle Menschen vom liebreichen und barmherzigen Gott erbittet.

In Verbindung mit diesem Trostbuch ist nun auch eine Predigt überliefert, die geeignet ist, den Weg des Menschen zu beschreiben und zu begleiten. Es ist ein Weg nach innen und nach oben. Auch dieser Text wird üblicherweise mit einem Bibelwort intoniert. Der Titel „edler Mensch“ (homo quidam nobilis) bezieht sich auf ein Gleichnis Jesu aus dem Lukasevangelium. Dort (Kapitel 19, 12) ist von einem Mann die Rede, der in ein fernes Land zieht, um ein Reich für sich zu gewinnen, um dann um Wesentliches bereichert und verwandelt heimzukehren.

Dass es sich nicht um ein geographisch verortbares Land handelt, geht schon aus dem Evangelientext hervor. Der Prediger macht sich von seiner biblischen Vorlage weitgehend frei. Nicht worauf sich das Gleichnis Jesu bezieht, steht im Mittelpunkt seiner Betrachtung, sondern der Mensch als solcher. Hier fügt Eckhart eine wichtige Unterscheidung ein, nämlich zwei Aspekte menschlicher Existenz, den „inneren" und den „äußeren" Menschen. Dieser Typologie begegnet man – wie schon bei Paulus, der den „eso anthropos" vom „exo anthropos" unterscheidet – auch an anderen Stellen. Der äußere Mensch ist dadurch charakterisiert, dass ihm Irdisches anhaftet, auch das, was ihn einen „alten Menschen" sein lässt im Gegensatz zu dem „neuen Menschen", der er werden soll, zumal – wie es dann im ersten Johannesbrief heißt – noch nicht erschienen ist, was wir sein werden (1 Joh 3,2). So ist die vorliegende Predigt wesentlich auf dieses Neuwerden gerichtet, macht es doch den Adel des Menschen aus, nicht allein von irdischen Eltern mit stolzer Genealogie abzustammen, sondern von Gott selbst. So stellt der innere, der geadelte Mensch, einen Herrn, eine Herrin dar, während es dem äußeren Menschen in der Hauptsache bestimmt ist, als Knecht oder Magd dienstverpflichtet zu sein.

Diese Tatsache des doppelten Ursprungs des Menschen bestimmt – wiederum im Einklang mit der Menschenkunde des Apostels Paulus – die Anthropologie Eckharts. Man muss demnach jeweils unterscheiden, ob in seinen Texten vom irdischen, Ego-verhafteten Menschen gesprochen wird, oder ob der unter dem Ewigkeitsaspekt gesehene „innere" Mensch gemeint ist, in dem sich das Entscheidende vollzieht, etwa die noch gesondert zu besprechende Gottesgeburt im Seelengrund.

Wie ein Samenkorn liegt der innere Mensch in uns verborgen. Aus dieser Gewissheit lebt der mystisch erschlossene Mensch. Dieses Korn kann keimen und Frucht bringen, um seiner ursprünglichen Bestimmung gemäß Gestalt zu gewinnen. So verhält es sich auch mit dem Menschen, der noch nicht der ist, der er werden soll. Deshalb hat er einen spirituellen Wachstums- und Reifungsprozess zu durchlaufen. Man kann sich fragen, ob es sich hierbei um einen autonomen Vorgang handelt, der keiner Steuerung bedarf, weil es sich um den vom Geist Gottes ergriffenen Menschen handelt, oder ob eine bestimmte Methodik zur Anwendung kommen muss, die eine Annäherung an das erstrebte Ziel ermöglicht. Eckhart verzichtet darauf.

Stufen auf dem inneren Weg

Nun hat die mystische Tradition in West und Ost immer vom Weg und von den zu durchlaufenden Stadien gesprochen. In der Übernahme von Vorstellungen, die aus der Mysteriensprache der Antike stammen, unterschied man den Dreischritt, der von der *Reinigung* über die *Erleuchtung* und schließlich zur *Einung* in Gestalt der ersehnten „unio mystica“ führt. Diese Vorstellung einer Stufenfolge machte sich unter anderem Dionysius Areopagita zu eigen, der von Eckhart hochgeschätzte, von ihm mehrfach zitierte „Vater der abendländischen Mystik“.[23] Dennoch sah Eckhart seine Aufgabe nicht darin, auch seinerseits Formen und Weisen der spirituellen Praxis anzugeben, wie man auf dem inneren Weg, auf dem Weg der mystischen Erfahrung vorankommen kön-

23 Kurt Ruh: Geschichte der abendländischen Mystik, Band I. Die Grundlegung durch die Kirchenväter und die Mönchstheologie des 12. Jahrhunderts. München 1990, S. 32 – 82. – Gerhard Wehr: Europäische Mystik zur Einführung. Hamburg 1995, S. 63 – 72.

ne. Methodisch-mystagogische Anleitungen, wie sie von einem „Meister des inneren Weges" zu erwarten wären, sucht man in seinen Schriften freilich vergebens.
Hatte Eckhart schon in seinen „Reden der Unterweisung" davon gesprochen, dass das Heil des Menschen nicht an eine bestimmte „Weise" gebunden sei, so begegnet man auch im späteren Predigtwerk Äußerungen, mit denen er seine Skepsis dem angeblich Machbaren oder methodisch Erreichbaren gegenüber zum Ausdruck bringt. Einmal sagt er nachdrücklich: „Gott muss man nehmen als Weise ohne Weise und als Sein ohne Sein, denn er hat keine Weise. Daher sagt Sankt Bernhard: ‚Wer dich, Gott, erkennen soll, der muss dich messen ohne Maß'."[24] Dem „Weiselosen" gibt Eckhart somit bei Weitem den Vorzug. In dem uns vorliegenden Text weicht aber der Prediger von seiner eigenen Praxis ab und nennt eine Folge von Stufen der spirituellen Entwicklung; es sind ihrer sechs, die sich auf das Werden des inneren Menschen beziehen:

Unter Berufung auf den Kirchenvater Augustinus bezeichnet er als die erste Stufe jene, bei der der Mensch noch ein Anfänger ist. Er kann noch nichts von sich selber tun, weshalb er auf Vorbilder in Gestalt geistlicher Lehrer angewiesen ist, an deren Leben und Tun er sein eigenes ausrichten kann. Das entspricht dem Stadium der Nachahmung. Auf der zweiten Stufe bleiben diese Vorbilder zwar immer noch wichtig, aber eine Eigenbewegung ist dem Anfänger, der Anfängerin schon möglich. Es ist eine innere Kehrtwendung, ausgedrückt durch das Bildwort: „Er kriecht der Mutter aus dem Schoß und lacht den

24 Meister Eckhart in der Predigt „Surrexit autem Saulus de terra …", in: Quint: „Deutsche Predigten und Traktate", S. 328.

himmlischen Vater an." Damit ist drittens ein Prozess der Schritt um Schritt zu vollziehenden Ablösung eingeleitet. Sie lässt sich mit dem Weggang von der Mutter, mit der Lösung aus dem Elternhaus, vergleichen. Diesen Menschen erfüllt eine „eifrige Beflissenheit" und ein Streben, in Liebe mit Gott verbunden zu werden. Dieser Vorgang läuft auf eine zunehmende Intensivierung hinaus, die viertens einer Verwurzelung „in der Liebe und in Gott" gleichkommt. Alles Widerwärtige, seien es Anfechtung, Versuchung, Leid und dergleichen verliert seinen Stachel. Es kann willig, ja freudig ertragen werden, ein Vermögen, das bis dahin fehlte und nicht einmal verstanden werden konnte.

Stand auf allen diesen Stufen das Tun und das Streben im Vordergrund, so tritt auf der fünften eine weitere Wendung ein, nämlich eine solche, die als ein Ruhen in Gott zu bezeichnen ist. Die spirituelle Aktivität mündet ein in eine kontemplative Grundhaltung. Die ostkirchliche Spiritualität spricht von der „Hesychia", von einem Stillestehen vor dem Angesicht Gottes. Auf der das ganze Geschehen krönenden sechsten Stufe wird die Gotteskindschaft erreicht, eine ebenfalls der menschlichen Machbarkeit enthobene Tatsache. Insofern ist der neue Mensch auch kein Resultat einer ausschließlichen spirituellen Eigenbemühung, sondern Frucht der göttlichen Gnade. Oder im Rahmen des prozessualen Voranschreitens nach Eckharts Worten: Der Mensch wird „entbildet", sofern es seine irdische Gestalt, die Gestalt des „alten Adam"[25], betrifft. Und er wird „überbildet",

25 Unter Adam ist der Mensch als solcher, also Mann und Frau zu verstehen. Im Grunde ist die Frau stets mit gemeint, wenn – wie auch in der

also überformt und „hinüberverwandelt“ in das göttliche Bild. Und das bedeutet: Man wird, wenngleich in verborgener Weise, schon hier des ewigen Lebens teilhaftig. Das Endziel des inneren Menschen ist erreicht, aber eben nicht als eine menschliche Leistung, sondern als Produkt der Gnade, auch wenn eine Reihe von Stadien eines vom Menschen zu beschreitenden Wegs aufzuzeigen war.

Eine andere für das Schaffen Eckharts bedeutsame Frage klingt an, nämlich die Frage nach dem Wesen der Erkenntnis, die sich auf Gott und auf die Natur, nicht zuletzt auf den erkenntnisbeflissenen Menschen richtet. Gotteserkenntnis, wie er sie hier versteht, schließt Selbsterkenntnis ebenso ein wie die Erkenntnis der Kreaturen. Während eine Bemühung, die sich auf die Naturerkenntnis richtet, einer „Abenderkenntnis“ entspricht, nennt der Prediger das eine – man darf wohl sagen: übergeordnete – „Morgenerkenntnis“, wenn der Mensch die ihn umgebende Wirklichkeit als „in Gott“ ruhend zu erkennen vermag. Nicht ihr etwaiger Eigenwert ist gefragt, sondern die Geschöpflichkeit in ihrer Verwurzelung im Tun des Schöpfers, ja im Schöpfer selbst. Schließlich ist da die Einsicht, nach der Gottes- und Selbsterkenntnis eine Einheit darstellen: „Wenn aber die Seele erkennt, *dass* sie Gott erkennt, so gewinnt sie zugleich Erkenntnis von Gott und von sich selbst.“ Darüber gibt sich der Prediger jedoch keiner Illusion hin, etwa in der Annahme, dass das Schauen Gottes und das menschliche Erstreben der Schau identisch oder gleichwertig seien. Unablässig ist Eckharts Blick vielmehr darauf gerichtet, dass der

---

Bibel – vielfach vom Mann oder in paulinischen Briefen in heute nicht mehr vertretbarer Weise nur von „Brüdern“ die Rede ist.

Mensch eins werde mit dem Einen, das heißt, dass er aufgenommen, mithin aufgehoben werde in dem Grund der Gottheit. Von diesem Grund (grunt) wird gesondert zu sprechen sein.

Der Prediger

Es waren die deutschen Predigten, die Meister Eckhart als Mystiker berühmt gemacht haben. Es sind dieselben Predigten (einschließlich des erwähnten „Benedictus"-Traktats), die den Argwohn der Inquisitoren erweckten, sodass sie ihrem Autor zum Verhängnis werden sollten. Auf die Frage, auf welchen Hauptnenner sich die Eckhart'sche Predigtthematik bringen lasse, hat er selbst einmal schlüssig geantwortet:

„Wenn ich predige, so pflege ich zu sprechen von *Abgeschiedenheit* (*abegeschiedenheit)* und dass der Mensch ledig werden soll seiner selbst und aller Dinge. Zum Zweiten, dass man wieder eingebildet werden soll in das einfaltige Gut, das Gott ist. Zum Dritten, dass man des großen Adels gedenken soll, den Gott in die Seele gelegt hat, auf dass der Mensch damit auf wunderbare Weise zu Gott komme. Zum Vierten von der Lauterkeit göttlicher Natur – welcher Glanz in göttlicher Natur sei, das ist unaussprechlich. Gott ist ein Wort, ein unausgesprochenes Wort."[26]

26 Aus der Predigt „Misit dominus manum suam et tetigit os meum ...", zit. nach Predigt 53, in: Meister Eckhart Werke I, hrsg. von Niklaus Largier. Frankfurt 1995, S. 565.

Damit ist Eckharts Predigtprogramm in wesentlichen Punkten umrissen. Welche Stellung ist nun hierbei dem Prediger zugewiesen? Für seine Hörer (und Leser) scheint der Wortmächtige über das Wort und damit über den göttlichen Logos im Sinn von Joh 1 verfügen zu können. Doch dergleichen entspräche der menschlichen Hybris. Wohl ist dem Prediger das Wort anvertraut, auch zugetraut, eher noch zugemutet. Doch keine Hochschätzung des Meisters kann an dessen Feststellung vorbei, die besagt: Gott, sofern er das Wort ist, ist ein „unaussprechliches Wort". Insofern gebietet allein er, Gott allein, in seiner „Lauterkeit" über das letztlich Unaussagbare. Niemand kann dieses Wort „sprechen". Ein Prediger von der Statur Eckharts kann bestenfalls in das Zeugnis des Propheten Jesaja einstimmen, der (Jes 6) inmitten seines Berufungsgeschehens ausruft: „Weh mir, ich vergehe! Denn ich bin unreiner Lippen und wohne unter einem Volk von unreinen Lippen!" Insofern stellt der Auftrag in der Tat eine unerhörte Zumutung dar: ein Sollen und letztlich gar nicht Können.

Bereits an dieser Stelle ist zu bedenken, was in manchen Predigten als Unterscheidung zutage tritt: dass Eckhart, wie noch zu zeigen sein wird, sehr deutlich zwischen *Gott* und *Gottheit* unterscheidet. „Gott", das ist derjenige, von dem Vorstellungen und Aussagen möglich sind, indem man etwa seine Liebe und seine Gerechtigkeit beschreibt. Ganz anders dagegen die „Gottheit". Sie verweist auf den unauslotbaren Gottesgrund und ist Ausdruck seiner Verborgenheit, seiner totalen Jenseitigkeit. Somit ist diese Gottheit jeder Beschreibbarkeit entzogen.

Was das Thema der „Abgeschiedenheit" anlangt – ein Begriff, den Eckhart wohl selbst geprägt hat –, so ist damit ein totales Abschiednehmen gemeint, ein totales Leer- und Ledigwerden. Wenn in den Predigten wiederholt von der „Jungfrau" die Rede ist, dann drückt dieses Bildwort das Nichtgebundensein (an einen Ehemann) aus. Gemeint ist Gelassenheit im Sinn eines totalen Lassens und Abstandnehmens, am allermeisten ein Abstandnehmen von sich selbst und von der eigenen Ich-Bezogenheit. Wer sich „lässt", wer leer und ledig wird, der tut dies in der Bereitschaft, für Gott offen und frei zu sein. Die Leere des Geistes und das so verstandene Nicht-Sein des Menschen schaffen Raum für die Anwesenheit Gottes. Verkürzt ausgedrückt könnte man sagen: Mystik wird dort verwirklicht, wo das (niedere) empirische Ich eingeschränkt und genichtet wird, damit – psychologisch gesprochen – ein reifes Selbst entstehen und hervortreten kann. Es ist zwar in der Gestalt der Gottesebenbildlichkeit bereits im Menschen angelegt. Es verlangt aber, erst noch ausgeformt zu werden.

In der Sprache Eckharts ausgedrückt, verkörpert dieses Selbst den „inneren Menschen", den wahren Adam. Um dieser Selbstwerdung willen macht sich ein spirituell suchender Mensch auf den Weg, wie er beispielsweise in den erwähnten sechs Stationen beschrieben ist. Nur der Abgeschiedene, das heißt nur der leer Gewordene erfährt – philosophisch gesprochen – das reine Sein; religiös gesprochen: die Gotteskindschaft und das ewige Leben. Es ist jenes höchste Menschheitsziel, das weder durch Wollen und Streben noch durch spirituell kaschiertes, Ego-verhaftetes Erreichenwollen zu erreichen ist.

Diese Abgeschiedenheit, dieses Ledigwerden ist sodann unerlässlich, weil Eckhart einem anderen Predigtthema seine besondere Aufmerksamkeit zugewandt hat. Es ist das der *Gottesgeburt im Seelengrund.* Wenn sich jener viel zitierte Zweizeiler aus dem „Cherubinischen Wandersmann“ des Angelus Silesius ins Bewusstsein vieler eingeprägt hat:

Wird Christus tausendmal zu Bethlehem geboren,
Und nicht in dir, du bleibst noch ewiglich verloren;

dann spricht der schlesische Dichter des 17. Jahrhunderts in knapper Form aus, was Eckhart wieder und wieder als das zentrale Ereignis der menschlichen Selbst-Verwirklichung[27] genannt hat. Sie geht von Gott aus. Das muss schon deshalb besonders hervorgehoben werden, weil der heutige Sprachgebrauch ganz andere Assoziationen nahelegt, nämlich dann, wenn man das Ego-bezogene alltägliche Ich mit dem wesenhaften Selbst verwechselt, das im Vollsinn des Wortes unser Menschsein ausmacht. Er, Gott, ist es, der seinen Sohn (vgl. Joh 1,14) im Menschen geboren werden lässt. Damit verkündet Eckhart keine Neuigkeit, weil dieses Motiv seit den Tagen der ersten Christenheit als ein fester Bestandteil zur kirchlichen Tradition gehört. Angefangen beim Apostel Paulus (Gal 4,19) über die Kirchenväter Origenes, Augustinus, Gregor von Nyssa, zu Johannes Scotus Eriugena im 9. Jahrhundert steht das Motiv der Gottesgeburt in der Menschenseele im Zentrum der Meditation.[28]

27 Die Bezeichnung *Selbst-Verwirklichung* ist dann missverstanden, wenn damit nicht das das menschliche Wesen bezeichnende Selbst, sondern das selbstgenügsame Ego gemeint wird.

28 Hugo Rahner: Die Gottesgeburt. Die Lehre der Kirchenväter von der Geburt Christi im Herzen der Gläubigen, in: Zeitschrift für kath. Theologie 59 (1935), 339 f.

Als Eckharts Verdienst kann es gelten, das Thema unauslöschlich dem religiösen Bewusstsein eingeprägt zu haben. Die Seele wird also zur Stätte dieses Mysteriengeschehens. Eckhart benennt sie auch, indem er das eine Mal vom „Fünklein" spricht, an anderer Stelle vom „Bürglein", in das Jesus (gemäß Lk 10, 38) einkehrt. Gemeint ist die Teilhabe am göttlichen Sein. Das Fünklein entstammt selbst der göttlichen Schöpfung. Diese Tatsache begründet und ermöglicht die Geburt Gottes im Menschen. Es ist ein Vorgang, der nicht etwa zu einem bestimmten Zeitpunkt abgeschlossen ist. Vielmehr gebiert Gott seinen Sohn in uns „ohne Unterlass", also in einem Werdeprozess, der andauert. Es ist andererseits das „Hinc et Nunc", das Hier und Jetzt dessen, was sich von Gott her in der Menschenseele ereignet. Daher ist Mystik im Eckhart'schen Sinne niemals nur die Vergegenwärtigung eines Vergangenen, das als das Ereignis der Christuserscheinung einst geschehen ist, sondern es ist die je und je geschehende erfüllte Gegenwart. Mystik erfüllt sich im Präsens. Und weil der Prediger an dem logisch Sagbaren bisweilen gar nicht Genüge findet, greift er wie so oft in der Mystik, zu paradoxen Aussageweisen, etwa wenn er, sich Mal um Mal steigernd, verkündet:

„Der Vater gebiert seinen Sohn ohne Unterlass, und ich sage mehr noch: Er gebiert mich als seinen Sohn und als denselben Sohn. Ich sage noch mehr: Er gebiert mich nicht allein als seinen Sohn; er gebiert mich als sich und sich als mich und mich als sein Sein und als seine Natur. Im innersten Quell, da quelle ich aus im Heiligen Geiste; da ist *ein* Leben und *ein* Sein und *ein* Werk."[29]

29 Aus der Predigt „Iusti vivent in aeternum", in Quint, a.a.O., S. 182. – Vgl. Hans Joachim Petsch: Das Ewige im Jetzt. Meister Eckharts Lehre

Aus der Fülle der Gesichtspunkte und der Themen, die im Predigtwerk des Meisters zum Klingen gebracht werden, sei an dieser Stelle noch ein Text angeführt, der zeigt, dass der in höchste Höhen steigende Adlerflug des Predigers die Gefahr des völligen Abgehobenwerdens vermeidet. Innerlichkeit meint nicht Lebensferne oder Weltflucht. Die Eckhart'sche Innerlichkeit steht in Korrelation zum konkreten Leben, kommt es ihm doch darauf an – wie schon in den „Reden der Unterweisung" angedeutet –, Spiritualität und Lebenswirklichkeit miteinander zu vereinen.

Zu veranschaulichen ist dies anhand einer Predigt, der eine Perikope aus dem Lukasevangelium (Kap. 10,38 ff) zugrunde liegt. Es handelt sich um den Besuch Jesu bei dem Schwesternpaar Maria und Marta. Während Maria sich zu Jesu Füßen setzt, um ihm aufmerksam zuzuhören, ist Marta als Hausfrau intensiv in Anspruch genommen. Auch darauf ist noch zurückzukommen. Zwei Seelenhaltungen sind somit einander gegenübergestellt, die der Aktion (Marta) und die der Meditation beziehungsweise der Kontemplation (Maria). Bekanntlich hat Jesus die Haltung der meditativen Maria eindeutig hervorgehoben, weil sie „das gute Teil" erwählt habe, das nicht von ihr genommen werden solle. Eckhart setzt einen anderen, die Konkretion betonenden Akzent!

Denn da wäre zu erwarten, dass ein Mystiker, ein Seelenführer in seiner Predigt die kontemplative Einstellung ebenfalls rühmen werde. Doch erstaunlicherweise setzt

---

vom „Ewigen Nun", in: Zeitenwende – Zeitenende, hrsg. von Wolfgang Sommer. Stuttgart-Berlin 1997, S. 79 – 106.

sich der Ordensmann und Theologe über den offensichtlichen Skopus, das heißt über die Sinnmitte der Evangelienerzählung hinweg, den die Bibelexegese zu berücksichtigen hat. Keinen Zweifel lässt er über das Bemühen der in sich gekehrten Maria aufkommen. Und doch gibt es da ein Problem, das ihm aus der klösterlichen Alltagspraxis durchaus bekannt ist. Es gibt ja eben auch und gerade da eine zu beobachtende Ego-betonte Innerlichkeit, die sich an spirituellen Gütern labt, jedoch wenig um ihre Verantwortung für die täglichen Aufgaben kümmern möchte: Spiritualität als Weltflucht und als eine verkappte Egomanie. Eckhart durchschaut jene Leute, die – wie er einmal sagt – Gott ansehen und lieben wie eine Kuh, von der sie einen bestimmten Nutzen erwarten. Das sei keine wahre Gottesliebe, sondern trügerischer Eigennutz. Insofern handelt es sich gar nicht um echte Spiritualität, sondern um so etwas wie einen spirituellen Materialismus. So meint der Meister, Menschen von der Art der Maria neigen allzu leicht dazu, im Wohlgefühl des spirituellen Genusses zu schwelgen, statt sich zu engagieren. Offensichtlich hat der erfahrene Seelenführer gewisse Fehlformen einer fragwürdigen Nonnenfrömmigkeit im Blick, die er bewusst machen will.

Wir werden nicht fehl gehen, wenn wir seine an sich eigenwillige Evangeliendeutung von daher motiviert sehen. Meister Eckhart versucht solche Zuhörer und Zuhörerinnen in besonderer Weise anzusprechen, die sich gern auf ein passives Kontemplieren zurückziehen und darüber ihre Alltagspflichten, das Gebot der Nächstenliebe, vernachlässigen. Für einen spirituell verbrämten Quietismus ist Eckhart offensichtlich nicht in Anspruch zu nehmen – heute so wenig wie einst. Von daher betrachtet, hat die rührige Marta gegenüber ihrer Schwester als die spirituell gereiftere Frau zu gelten, denn sie, Maria, habe es offensichtlich noch nötig, dass sie Einkehr hält und sich sammelt. Mit anderen Worten: Ein auf dem mystischen Weg sich bewegender Mensch darf nicht nur ein Mensch der Meditation sein; er muss konsequenterweise den Schritt zur Tat tun, die sich aus der kontemplativen Sammlung ergibt. Andernfalls besteht die Gefahr, dass man, was Eckhart offensichtlich zuwider ist, im Stadium einer religiösen Exaltiertheit stecken bleibt.

In der Marta-Maria-Predigt kommt Eckhart somit auf den Weg als einer praktizierbaren Weise der Christusnachfolge zu sprechen. Er tut dies, obwohl für ihn das einmalige spirituelle Geburts- und Durchbruchserlebnis von so großer Wichtigkeit ist, dass alles menschliche Streben und alles Ich-betonte Machenwollen für ihn fragwürdig wird. Er selbst thematisiert an der bezeichneten Stelle die Frage nach dem Weg der Seele zu Gott. Dabei unterscheidet er drei Arten: „Die eine ist dies: mit mannigfachem ‚Gewerbe', mit brennender Liebe in allen Kreaturen Gott zu suchen … Der zweite Weg ist ein wegloser Weg, frei und doch gebunden, wo man willen- und bildlos über sich und alle Dinge weithin erhaben und entrückt ist, obwohl es doch noch keinen wesenhaften Bestand hat. Den meinte Christus … Der dritte Weg heißt zwar ‚Weg' und ist doch ein ‚Zuhause-Sein'. Er ist: Gott zu schauen unmittelbar in seinem eigenen Sein … Auf diesem Wege in Gott, hineingeleitet vom Lichte seines Wortes und umfangen von der Liebe des Heiligen Geistes ..: das geht über alles, was man in Worte fassen kann."

Aber kann der Mystiker das, was jenseits des Sagbaren liegt, mit totalem Schweigen übergehen? Wie erführen wir dann hiervon, wenn das Wort- und Weiselose durch die jeweils Erfahrenden nicht bezeugt würde? Der Rat, den Meister Eckhart hier gibt, verdient es, in unsere Meditation hineingenommen und immer wieder innerlich bewegt zu werden:

„*Lausche denn auf das Wunder:*
Wie wunderbar:
Da draußen stehen wie drinnen,
Begreifen und umgriffen werden,
Schauen und zugleich das Geschaute selbst sein,
Halten und gehalten werden,
Das ist das Ziel:
Wo der Geist in Ruhe verharrt,
Der lieben Ewigkeit vereint.“[30]

Zur vorliegenden Ausgabe

Die hier gebotenen Texte aus den Schriften und Predigten Meister Eckharts sind – soweit nicht anders angegeben – übersetzt auf der Basis der ersten kritischen Ausgabe von Franz Pfeiffer (1815 – 1868): „Die deutschen Mystiker des 14. Jahrhunderts“, Band II: Meister Eckhart. Leipzig 1857 und Aalen 1966. Berücksichtigt sind ausschließlich jene Predigten, die nach heutigem Stand der Wissenschaft als echt gelten.[31] Die Überschriften der ausgewählten Stücke stammen vom Herausgeber; die Seitenzahlen folgen der Pfeiffer'schen Ausgabe (abgekürzt Pf).

30 Aus der Predigt „Intravit Jesus in quoddam castellum ...“, in Quint, S. 280 f.

31 Louis Cognet: Gottes Geburt in der Seele. Einführung in die Deutsche Mystik. Freiburg 1980, S. 268, A 72.

Des Weiteren: Meister Eckhart: Die Deutschen Werke (hrsg. Josef Quint): abgekürzt DW.

Zum Vergleich lassen sich heranziehen die Übersetzungen, die Josef Quint unter dem Titel „Deutsche Predigten und Traktate" im Carl Hanser Verlag München (1963 ff) herausgegeben hat und die als Taschenbuch im Jahr 1979 bei Diogenes neu aufgelegt wurden. (abgekürzt Quint; die Seitenangaben beziehen sich auf diese Taschenbuchausgabe). Diese geht ihrerseits zurück auf die kritische Gesamtausgabe von Meister Eckhart: Dic deutschen und lateinischen Werke, herausgegeben im Auftrag der Deutschen Forschungsgemeinschaft, Stuttgart 1936 ff. Die derzeit vollständigste Ausgabe, die den deutschen bzw. lateinischen Grundtext mit gegenübergestellter Übersetzung enthält, liegt vor in: Meister Eckhart Werke I/II, herausgegeben von Niklaus Largier; in: Bibliothek des Mittelalters. Band 20/21 des Deutschen Klassiker Verlags Frankfurt am Main 1993.

I. Aus dem Predigtwerk

Die Predigten Eckharts stellen in der Regel den zugrunde gelegten lateinischen Bibeltext in abgekürzter Form voran. Der Prediger lässt im Text dessen deutsche Fassung knapp skizziert nachfolgen, das heißt, er setzt ihn bereits als bekannt voraus. Die Art und Weise, wie er das biblische Wort auslegt, unterscheidet sich in der Regel freilich deutlich von der heute üblichen Exegese.

Zu Eckharts Predigtprogramm

Es liegt in der Natur der Sache, dass man sich durch die bloße Zusammenschau der lateinisch überschriebenen Predigtanfänge noch kein Bild von leitenden Zielgedanken oder von einem durchgehenden Thema machen kann. Dazu kann man gewiss den Gedanken von der Gottesgeburt im Seelengrund zählen, der schließlich in die Sehnsucht und Bitte einmündet: Werde Du – Christus – nun auch in mir geboren!

Unabhängig davon hat der Prediger einen anderen Skopus geprägt, den er auf sein gesamtes Predigtwerk zu übertragen gedachte. Es handelt sich um Abgeschiedenheit (abegeschiedenheit). *Darunter ist, wie eingangs angedeutet, ein weitgehendes (wenn nicht totales) Abschiednehmen von dem gerade Vorfindlichen zu verstehen. Der Mensch kann und soll nicht der bleiben, der er ist. Ändern soll er sein Leben und die Art, wie er sich in die Welt hineinstellt. Es geht ferner um eine Neubewertung aller Dinge, um eine Umwertung aller Werte. Was bisher bedeutsam war, gilt es als vorläufig oder minderwertig zu durchschauen. Dennoch darf sich kein Missverständnis einschleichen, denn Eckhart wirbt nicht etwa für ein weltfremdes Einsiedlertum, gilt es doch:* Gott in allen Dingen zu ergreifen. *Deutlich wird dies, wenn man sieht, wie hoch er, der apostrophierte „Lebemeister", die aktiv zupackende Tat Martas im Gegenüber zu einer nur im Komtemplativen verharrenden Seelenhaltung der Maria einschätzt. So geht es denn um „Abgeschiedenheit" im Sinne eines Ledigwerdens, eines Freiwerdens von Ichhaften Einschränkungen, und zwar im Sinne eines existenziellen wie essenziellen Zugewinns, etwa im Sinne des Wortes aus Schefflers „Cherubinischem Wandersmann":*

> *Mensch, werde wesentlich, denn wenn die Welt vergeht,*
> *so fällt der Zufall weg, das Wesen, das besteht.*

Wenn ich predige, so pflege ich zu sprechen von Abgeschiedenheit und dass der Mensch ledig werden soll seiner selbst und aller Dinge. Zum Zweiten, dass man wieder eingebildet werden soll in das einfaltige Gut, das Gott ist. Zum Dritten, dass man des großen Adels gedenken soll, den Gott in die Seele gelegt hat, auf dass der Mensch damit auf wunderbare Weise zu Gott komme. Zum Vierten von der Lauterkeit göttlicher Natur; welcher Glanz in göttlicher Natur sei, das ist ein Wort, ein unausgeprochenes Wort … Alles, was (äußerlich) mehr ist als Eines, daran ist zu viel, denn du musst allem absterben und sollst wieder eingebildet werden in die Höhe, wo wir wohnen in dem Heiligen Geiste.

(DW 2, 528)

Mit Recht weisen Eckhart-Forscher wie A.M. Haas [32] *darauf hin, dass es sich beim Ideal einer abgeschiedenen Haltung nicht um eine Apathia im stoischen Sinne handle, was aus dem Zusammenhang hervorgeht. „Es geht um die Gleichheit des Menschen mit Gott, und es geht um eine innerliche Haltung, die sich beispielsweise auf keinerlei äußere Weisen der Meditation abstützen könnte. Im Gegenteil, der abgeschiedene Mensch ist auf Gebet und gute Werke weiterhin angewiesen, er kann und soll auch bewegt werden durch Freude und Leid, aber letztlich ist er auf das ‚Höchste', auf das reine ‚Nichts', das heißt auf die lauterste Empfänglichkeit für Gott verpflichtet."*[33] *Auch in einem seiner Traktate, in dem er über Abgeschiedenheit schreibt, findet sich Ergänzendes. Dabei fällt auf, dass den Menschen letztlich nicht zusätzliche Lasten aufgebürdet werden sollen. Ins Spiel bringt Eckhart – gut paulinisch (Röm 3) – das auf vertrauenden Glauben gestützte Geschenk der Gnade:*

Nun magst du fragen, was Abgeschiedenheit sei, da sie so gar edel ist in sich selbst. Hierzu sollst du wissen, dass rechte Abgeschiedenheit nichts anderes ist, als dass der Geist so unbeweglich stehe gegenüber allem anfallendem

32 Alois Maria Haas: Meister Eckhart als normative Gestalt geistlichen Lebens. Einsiedeln 1979, S. 73.

33 Alois Maria Haas: Geistliches Mittelalter. Freiburg/Schweiz 1984, S. 324 f.

Lieb und Leid, Ehren, Schanden und Schmähung, gleichsam wie ein bleierner Berg unbeweglich ist gegenüber einem schwachen Winde. Diese unbewegliche Abgeschiedenheit bringt den Menschen in die größte Gleichheit mit Gott. Denn dass Gott Gott ist, das ist er von seiner unbeweglichen Abgeschiedenheit, und von der Abgeschiedenheit hat er seine Lauterkeit und seine Einfaltigkeit und seine Unwandelbarkeit. Und daher soll der Mensch Gott gleich werden, soweit eine Kreatur Gleichheit mit Gott haben kann, so muss das geschehen durch Abgeschiedenheit. Die zieht dann den Menschen in die Lauterkeit und von der Lauterkeit in Einfaltigkeit und von der Einfaltigkeit in Unwandelbarkeit, und die bringen eine Gleichheit zwischen Gott und dem Menschen hervor. Diese Gleichheit aber muss in Gnade erstehen, denn die Gnade zieht den Menschen von allen zeitlichen Dingen weg und läutert ihn von allen vergänglichen Dingen. Und du sollst wissen: Leer sein aller Kreatur ist Gottes voll sein, und voll sein aller Kreatur ist Gottes leer sein. (DW 5, 411 ff)

Ein anderes wichtiges Predigtanliegen Eckharts ist durch die Vokabel „grunt, grund“ *zum Ausdruck gebracht. Es liegt ihm daran, den von der Gottessehnsucht erfüllten Menschen über sich hinaus in eine Tiefe zu führen, in der Selbsterfahrung und Gotteserfahrung zusammenkommen, sodass er einmal sagen kann:*

Wer kommen will in Gottes Grund, in dessen Innerstes, der muss zuvor in seinen eigenen Grund, in sein eigenes Innerstes kommen, denn niemand kann Gott erkennen, der nicht zuvor sich selbst erkennen müsse. (DW 2, 565)

Hier ist Gottes Grund mein Grund, und mein Grund ist Gottes Grund. Hier lebe ich aus meinem Eigenen, wie Gott aus seinem Eigenen lebt. (DW 1, 90)

Ein andermal beschließt er eine Predigt, indem er für seine Zuhörer gleichsam eine Summe dessen zieht, was als ein Ziel des mystischen Innenwegs angesehen werden mag. Gemeint ist die Bewegung, die in das absolut Eine mündet:

Wisset nun: Alle unsere Vollkommenheit und alle unsere Seligkeit hängt daran, dass der Mensch durchschreite und hinausschreite über alle Geschaffenheit. Wir bitten Gott, unsern lieben Herrn, dass wir Eines werden und innewohnen. Dazu helfe uns Gott. Amen. (DW2, 309)

Im Unterschied zu heutiger Auslegung (Exegese) und Predigtweise (Homiletik) bedient sich Eckhart der analogen Aussage, um sich jeweils seinem eigenen Predigtziel anzunähern. Wie bereits der nachfolgende Text von Jesu Tempelreinigung zeigt, ist er bestrebt, für die einzelnen im Evangelium vorkommenden Bildworte – etwa: Tempel, Kaufleute, Tauben – so etwas wie eine „mystische" Gleichung zu finden. So gesehen benutzt er den jeweiligen biblischen Text, um sein Thema der Gottesgegenwart in der menschlichen Seelentiefe zu gestalten. Die Komposition des Matthäusevangeliums lässt Jesu Reinigung des Jerusalemer Tempels auf den Bericht von seinem Einzug in die heilige Stadt Israels folgen. Unter Berufung auf ein Wort des Propheten Jesaja (Kapitel 56,7) ist der Tempel ein Haus des Gebets. Das muss er bleiben; er duldet keinen Missbrauch. Jesu Kritik geht dahin, dass der heilige Ort durch Geldwechsler und Kaufleute entheiligt worden sei, weshalb er zur zeichenhaften Tat der Austreibung schreitet. Praktisch geschieht so etwas wie eine Übersetzung des biblischen Wortes in die Botschaft Eckharts. Beabsichtigt ist jeweils eine auf Verinnerlichung angelegte Vergegenwärtigung des Evangeliums. Und eben damit fängt Mystik an, insofern das im Text Aufgehobene als ein in der eigenen Seelentiefe notwendig zu geschehender Vorgang erfahren wird.

Von des Menschen Seele

Intravit Jesus in templum dei et ejicebat omnes vendentes … (Mt 21,12)

Wir lesen in dem heiligen Evangelium, dass unser Herr hinauf in den Tempel ging und hinauswarf, die da kauften und verkauften. Und denen, die Tauben feilboten, gebot er: Tut diese weg! Er meinte damit nichts anderes, als dass er den Tempel sauber haben wollte, etwa als ob er damit sagen wollte: Ich bin für diesen Tempel verantwortlich und will darin allein die Herrschaft ausüben.

Was ist damit gemeint? – Dieser Tempel, darin Gott allein seinen Willen ausüben will, ist des Menschen Seele, die er nach ihm selbst gebildet und geschaffen hat. Lesen wir doch (Gen 1,26), dass unser Herr sprach: „Machen wir den Menschen nach unserem Bild und nach unserem Gleichnis." Das hat er auch getan. So hat er des Menschen Seele nach sich selber gemacht, dass im Himmelreich noch auf Erden ihm nichts gleiche als allein die Seele des Menschen. Darum will er diesen Tempel sauber haben, dass nichts anderes darin sei als er allein. Und das deshalb, damit ihm dieser Tempel wohlgefällt …

Nun merkt auf: Wer waren die Leute, die da kauften und verkauften, und wer sind sie heute noch? Nun hört mir genau zu! Ich will [eigentlich] nur von guten Menschen sprechen. Ich will aufweisen, welche [damals] die Kaufleute waren und [heute] noch sind … Die alle sind Kaufleute, die sich [zwar] vor groben Sünden hüten, die gute Leute sein wollen und gute Werke tun, als da sind: Fasten, Wachen, Beten und dergleichen mehr. Mancherlei gute Werke tun sie [aber im Grunde] nur darum, damit unser Herr ihnen etwas dafür gebe … Das sind Kaufleute…, denn sie wollen auf solche Weise mit unserm Herrn handeln … Das sind sehr törichte Leute, die so mit unserm Herrn handeln wollen … (Pf 33 f)

Ich geh noch weiter und sage: Solange der Mensch mit seinen Werken etwas sucht und begehrt von dem, das Gott zu geben vermag, so ist er solchen Kaufleuten gleich. Willst du dieser Kaufmannsart ledig werden, dass dich Gott in diesem Tempel duldet, so sollst du alles, was du an guten Werken tun kannst, einzig und allein Gott zu Lobe vollbringen. Darin sollst du ungebunden bleiben … und gar nichts dafür begehren. Wenn du so wirkst, so sind deine Werke geistlich und göttlich. (Pf 35)

Wenn dieser Tempel also frei wird von allen Hindernissen, frei von Egoismus und Unwissenheit, so leuchtet er derart schön und leuchtet derart lauter und klar über alles hinaus und durch alles hindurch, das Gott geschaffen hat, dass ihm niemand an Glanz gleich ist, als der ungeschaffene Gott. (Pf 35 f)

Soll aber Jesus reden in der Seele, so muss sie allein sein und muss stillschweigen, soll sie die Rede Jesu hören. Was spricht der Herr Jesus? Er spricht das, was er selber ist. Was ist er denn? Er ist ein Wort des Vaters. In demselben Wort spricht der Vater sich selber aus und alle göttliche Natur und alles, das Gott ist. (Pf 36)

Zum andern Mal offenbart sich Jesus in der Seele mit einer unermesslichen Weisheit, die er selber ist, in jener Weisheit, in der sich der Vater selber erkennt mit all seiner väterlichen Kraft ... Da wird Gott durch Gott erkannt in der Seele; dann erkennt er mit dieser Weisheit sich selbst und alle Dinge. (Pf 37)

Dass Jesus auch in uns hineinkommen, (zugleich) hinauswerfen und wegtun möge alle Hindernisse des Leibes und der Seele, dass wir mit ihm eins werden hier auf Erden und dort im Himmelreiche, dazu helfe uns Gott. Amen. (Pf 38)

Maria und Marta – Von Freiheit und Reife

Maria und Marta, die Schwestern von Lazarus, verkörpern zwei einander – dem Anschein nach – entgegengesetzte Einstellungen oder Lebenshaltungen, wobei – wie schon angedeutet – Maria den Typus des kontemplativ nach innen gekehrten Menschen darstellt, während Marta als eine tätige, in ihren Pflichten als Hausfrau ganz aufgehende Frau geschildert wird. Der Abschnitt aus dem Lukasevangelium (10,38 – 42) berichtet vom Besuch Jesu bei den beiden Frauen. Diese Evangelienperikope wird von Eckhart auf zweifache Weise ausgelegt. Die erste hier zu besprechende Fassung bezieht sich auf zwei Entwicklungsarten und spirituelle Reifestadien, angedeutet einerseits durch „Jungfrau“ und andererseits durch „Weib" beziehungsweise „Frau". In der zweiten Predigt zum selben Text ist der Typus des aktiven und des kontemplativen Menschen geschildert.[34] *Zunächst also aus der Predigt von den beiden spirituellen Erscheinungsweisen des Frauseins, wobei im Grunde das Menschsein als solches gemeint ist.*

Intravit Jesus in quoddam castellum et mulier quaedam excepit illum… (Lk 10,38)

Ich hab zuerst ein Wort auf Lateinisch gesprochen. Das steht geschrieben im Evangelium und heißt auf Deutsch: „Unser Herr Jesus Christus ging hinauf in ein Burgstädtchen und wurde von einer Jungfrau empfangen, die ein Weib war."

Nun merkt ganz besonders auf: Es muss notwendigerweise heißen, dass dieser Mensch eine Jungfrau war, von der Jesus empfangen wurde. Nun heißt „Jungfrau" soviel wie ein Mensch, der von allen menschlichen Bindungen frei und ledig ist, und zwar so frei, wie er war, ehe er war.

Eckhart stellt nun dem jungfräulichen, auf Freisein von Ich-haften Bindungen gestellten Menschen den Charakter des reifen und damit fruchtbaren Weibseins gegenüber, wobei beide Seelenverfassungen einander ergänzen. „Eine Jungfrau, die ein Weib war", *besagt somit: Es handelt sich um eine Frau* (mulier), *die über beide Qualitäten verfügt: Ihre Jungfräulichkeit ist Ausdruck ihres Freiseins von menschlich-allzu-menschlichen Bindungen, von egoistischen Ich-Verhaftungen; gleichzeitig steht sie für*

34 Alois Maria Haas: Gott leiden – Gott lieben. Zur volkssprachlichen Mystik im Mittelalter. Frankfurt 1989, S. 97 ff. – Martina Wehrli-Johns: Aktion und Kontemplation in der Mystik, in: Lerne leiden. Leidensbewältigung in der Mystik. Hrsg. Wolfgang Böhme. Karlsruhe 1985, 9 – 20 (Herrenalber Texte 67).

das Bild einer reifen (gebärfähigen, mütterlichen) Frau und damit für einen ganzheitlich geprägten Menschen. Im übertragenen Sinn ist ein Mensch angesprochen, der sowohl zur Spiritualität als auch zu deren fruchtbarer praktischen Umsetzung befähigt ist. Es handelt sich um eine Menschenseele, die gleichsam das Maria- und das Marta-Wesen in sich trägt. Einerseits wäre es nicht genug, lediglich Jungfrau zu sein, weil sie als solche keine Frucht hervorbringt. Und eine reife Frau, die mit dem Jungfrau-sein nicht gleichzeitig von dem Ichhaft-Menschlichen behaftet wäre, entspräche ebenfalls einem Mängelwesen. Daher Eckharts Idealbild von der Jungfrau, die ein Weib ist:

Wenn der Mensch stets nur Jungfrau bliebe, so bliebe er ohne Frucht. Aber er soll doch fruchtbar werden. Insofern ist es nötig, dass er Weib werde. Weib-Sein ist der edelste Name, mit dem man die Seele benennen kann. (Pf 43)

Eine Jungfrau, die (zugleich) ein Weib ist, frei und ungebunden, ohne jede Ich-Befangenheit, die ist gleichzeitig Gott und sich selbst nahe. Die bringt viele Früchte; sie sind groß, und zwar nicht weniger und nicht mehr als Gott selber ist. Diese Frucht und diese Geburt bringt diese Jungfrau, die ein Weib ist, hervor … Jesus, der das Licht und der Schein des väterlichen Herzens ist, … dieser Jesus ist mit ihr vereint und sie mit ihm. Und sie leuchtet und scheint mit ihm als ein einziges Eins, als ein lauteres, klares Licht in dem väterlichen Herzen.

Auch habe ich mehrfach gesprochen, dass eine Kraft in der Seele ist, die rührt weder von der Zeitlichkeit noch von der [fleischlichen] Vergänglichkeit her. Sie ist Ausfluss des Geistes, sie bleibt im Geist und ist somit geistlich. In dieser Kraft grünt und blüht Gott in all der Freude und all der Ehre, die in ihm selbst ist. Da ist so herzliche Freude, ja so unbegreifliche große Freude, davon niemand voll [und angemessen] sprechen kann. Denn der ewige Vater gebiert seinen ewigen Sohn in dieser Kraft, [und zwar immerwährend] ohne Unterlass, dass diese Kraft den Sohn des Vaters und sich selbst als denselben Sohn in der einigen Kraft des Vaters mitgebiert. (Pf 44)

Denn Gott ist in dieser Kraft als in einem ewigen Nun. Wäre der Geist allezeit mit Gott vereint in dieser Kraft, so könnte der Mensch nicht altern. Denn das Nun, darin Gott den Menschen (einst) schuf, und das Nun, in dem der letzte Mensch vergehen soll, und das Nun, in dem ich jetzt spreche, die sind gleichzeitig in Gott. Sie sind nichts als ein einziges Nun. Da seht her, dieser Mensch wohnt in einem (einzigen) Licht mit Gott. (Pf 44 f)

Noch eine Kraft gibt es, die ist auch unleiblich. Sie fließt aus dem Geiste und bleibt in dem Geiste und ist ganz und gar geistig. In dieser Kraft glimmt und brennt Gott ohne Unterlass in all seinem Reichtum, in all seiner Süßigkeit und mit all seiner Wonne. Wahrlich in dieser Kraft ist also große Freude und also unermesslich große Wonne, dass dies wahrlich niemand aussprechen und offenbaren kann. (Pf 45)

Was das Leiden anlangt, das uns überkommt, dem Eckhart auch an anderen Stellen seiner Schriften eine große, zum Heil führende Bedeutung beimisst, so gelte es zu unterscheiden, ob es vom Menschen selbst oder von Gott herkomme und damit in besonderer Weise qualifiziert sei.

Willst du recht wissen, ob das Leiden dein sei oder Gottes, so sollst du es daran erkennen: Leidest du um deiner selbst willen, was immer es sei, so tut dir dieses Leiden weh und ist dir schwer zu ertragen. Leidest du aber um Gott und nur um Gottes willen, dann tut dir dieses Leiden nicht weh; es ist dir dann auch nicht schwer, denn Gott trägt die Last. In voller Wahrheit: Wäre ein Mensch, der um Gott und rein nur um Gottes willen leiden wollte, und fiele auf ihn das ganze Leiden, das sämtliche Menschen je erlitten haben und das der ganzen Welt, das täte ihm selbst nicht weh und wäre ihm nicht schwer, denn Gott trüge die Last (an seiner Stelle). (Pf 45)

Dieselbe Kraft, von der ich gesprochen habe, in der Gott blüht und grünt mit aller seiner Gottheit samt dem Geist in Gott, in jener Kraft, da der Vater seinen eingebornen Sohn so wahrhaft wie in sich selber gebiert; und ist derselbe Sohn in diesem Licht. Das ist die Wahrheit. Könntet ihr erkennen mit meinem Herzen, so verstündet ihr, was ich ausspreche, denn es ist wahr, und die Wahrheit spricht es selbst. (Pf 46)

So seht nur her und beachtet: So kommt er (Gott, Christus) in dieses „Bürglein" der Seele. Und auf eine andere Weise kommt er nicht hinein und ist darinnen. Mit dem Teile ist die Seele Gott gleich, und nicht anders. Was ich euch gesagt habe, das ist wahr. Dafür gebe ich euch die Wahrheit als Zeugen und meine Seele zum Pfande. Dass wir so ein Bürglein seien, in das Jesus hineingehe, darin er empfangen werde und ewiglich uns in der besprochenen Weise ewiglich bleibe, dazu helfe uns Gott. (Pf 46 f)

Maria und Marta – Aktion und Kontemplation

Intravit Jesus in quoddam castellum, et mulier quaedam, Marta nomine, excepit illum (Lk 10,38)

Von Maria heißt es bei Lukas, sie habe sich zu Jesu Füßen gesetzt, um ihm in meditativer Haltung aufmerksam zuzuhören, während Marta sich viel zu schaffen machte, um ihren von der Reise kommenden Gast in angemessener Weise zu versorgen. Doch da kommt es zu einem Dissens. Marta ärgert sich nicht nur über ihre untätige Schwester, sondern fordert Jesu geradezu auf: „Herr, fragst du nicht danach, dass mich meine Schwester lässt allein dienen? Sage ihr doch, dass sie es auch angreife (und mir helfe)!" Darauf Jesu bekannte Antwort, mit der er die kontemplative Maria ausdrücklich in Schutz nimmt und deren Haltung als unerlässlich bewertet: „Marta, Marta, du hast viel Sorge und Mühe. Eins aber ist not. Maria hat das gute Teil erwählt; das soll nicht von ihr genommen werden."

Was nun Eckharts Deutung anlangt, so könnte erwartet werden, dass der mit der kontemplativen Seelenhaltung vertraute Ordensmann Jesu Lob Marias als unerlässlich und vollgültig bestätigt. Doch das Gegenteil ist der Fall. Der Prediger setzt sich erstaunlicherweise über den buchstäblichen Schriftsinn des Evangeliums hinweg und betont die spirituelle Höherwertigkeit des praktischen Tuns gegenüber einer Haltung, die im bloßen Hören und Empfangen des göttlichen Wortes verharrt. Demnach bekommt man den Eindruck, dass die tätige Marta als die spirituell Gereiftere zu gelten habe, während Maria noch gar nicht so weit sei, weil sie immer noch die besondere Unterweisung ihres Meisters nötig habe.

Die Eckhart-Forschung gelangte freilich zu dem Ergebnis, dass diese in der Tat erstaunliche Auslegung des Evangelientextes eigentlich nicht von Meister Eckhart stamme.[35] *Auf einem anderen Blatt steht, weshalb man lange Zeit eben diese Aussage durchaus gerade ihm zugetraut hat. Dem jahrelang als Nonnenseelsorger in Straßburg und Süddeutschland beschäftigten Prediger kann nicht verborgen geblieben sein, dass es immer wieder religiös strebende Menschen gab und gibt, die das fürsorgliche Tun und das tätige Leben in der Welt für minderwertig hielten oder – durchaus nicht selten – ihre Bequemlichkeit mit einer unechten Geistlichkeit zu kaschieren suchten.*

Sankt Lukas schreibt im Evangelium, dass unser Herr Jesus Christus in ein Städtchen ging, wo ihn eine Frau namens Marta empfing. Sie hatte eine Schwester, sie hieß Maria. Sie saß zu Jesu Füßen und lauschte seinem Wort. Aber Marta ging umher und diente unserm Herrn.

Drei Dinge veranlasste Maria, zu Füßen unseres Herrn zu sitzen: Die Güte Gottes hatte ihre Seele ergriffen. Das andere war eine große unaussprechliche Begierde. Sie begehrte, aber wusste nicht was, und verlangte, ohne zu wissen, was. Das Dritte war ein süßer Trost und eine Lust, die sie aus dem ewigen Worte schöpfte, das dem Mund Christi entströmte.

Auch Marta bewegten drei Dinge, die sie umhergehen und den lieben Christus dienen ließen. Das eine entsprach

35 Günter Stachel: Meister Eckhart. Beiträge zur Diskussion seiner Mystik. Würzburg 1998, S. 49 ff.

einem reifen Alter und einem geübten Beweggrund … Das andere war mit weiser Besonnenheit tätig zu sein, wie es die Liebe gebietet. Das Dritte war die große Würde des lieben Gastes. (Pf 47)

Marta sagt sich, Maria schwelge geradezu in einem geistlichen Wohlgefühl. Diesen Eindruck erweckt Eckhart. Er hegt den Verdacht, die liebe Maria sei eher von dem wohligen Gefühl einer spirituellen Befriedigung berauscht, als dass sie einen tatsächlichen geistigen Gewinn empfinge. Das habe Marta denn auch veranlasst, den Herrn in der bekannten Weise anzusprechen und Maria aus ihrem – vermeintlichen oder tatsächlichen – selbstgenügsamen Erleben herauszuholen. So gesehen gehe es darum, den geistlichen Gewinn, den letztlich nur die helfende, die karitative Tat vermitteln kann, zu erlangen.

Denn darum sind wir in die Zeit hineingestellt, dass wir durch vernünftiges Wirken Gott näher kommen und ihm ähnlicher werden. Das meinte auch Sankt Paulus, als er sagte: Bestehet (und nutzet) die Zeit, denn die Tage sind übel. (Pf 49)

Nun achtet auf den Umkreis der Ewigkeit: Die Seele hat drei Wege zu Gott. Der eine ist, in mannigfaltigem Wirken aus brennender Liebe in allen Kreaturen Gott zu suchen … Der andere Weg ist ein Weg ohne Weg, frei und doch ungebunden, hoch erhaben und entrückt, willen- und bildlos … Der dritte Weg heißt zwar Weg und ist doch (bereits) das Daheim-Sein, ein Gott-Schauen unmittelbar im (vollen) Sein. Nun spricht der liebe Christus: Ich bin Weg, die Wahrheit und das Leben: Ein Christus – eine Person, ein Christus – ein Vater, ein Christus – ein Geist …

Nun lausche auf das Wunder! Wie wunderbar: draußen stehn und drinnen, begreifen und umgriffen werden, schauen und das Geschaute selbst sein, halten und gehalten werden. Das ist das Ende (als Ziel), da der Geist in Ruhe verharrt, der lieben Ewigkeit vereint. (Pf 50 f)

Nun meinen unsere guten (im Grunde naiven und unbedarften) Leute, dass sie dahin streben sollten, vom tätigen Wirken frei zu werden. Da sage ich: Das kann nicht angehen … Maria lernte (noch) davon, dass sie zu Füßen unseres Herrn … Sie lernte zu leben …. Von Anbeginn an, da Gott Mensch und der Mensch Gott wurde, fing er an, für unsere Seligkeit zu wirken, bis an das Ende, da er am Kreuze starb. Kein einziges Glied war an seinem Leib, das nicht eine besondere Tugend geübt hätte. Dass wir ihm nun wahrhaft nachfolgen in der Ausübung wahrer Tugend, das helfe uns Gott. Amen. (Pf 53)

Der Gottesfunke im Menschen

In seiner zweiten Predigt, in der Eckhart von dem Schwesternpaar Maria und Marta spricht, erwähnt er beiläufig, es gebe im Menschen ein Licht des Geistes, ein Bürglein *oder* ein Fünklein, *das er als ein erhabenes Etwas klassifiziert, wiewohl es sich letztlich einer angemessenen Beschreibung widersetzt, weil es an das Mysterium der Gottesebenbildlichkeit des Menschen, ja an die Verborgenheit Gottes rührt . Wiederholt kommt er auf diesen Seelenfunken zu sprechen, um immer weitere, bestenfalls vage umschreibbare Aspekte der eigenen Seelenstruktur in ihrer Gottesbeziehung bewusst zu machen. Dabei fällt die große Gottesnähe auf, die durch das Fünklein aus-*

gedrückt wird, auch das geradezu impulsive Verlangen der menschlichen Seele, Gott immer näher zu kommen und schließlich mit ihm, im einfaltigen Grund Gottes eins zu werden. Es versteht sich, dass darüber nicht weiter zu spekulieren ist, ist es doch ein „Etwas", das mit dem nachfolgenden Predigtabschnitt in die Stille der Kontemplation hineinzunehmen ist.

Darum sage ich: Wenn sich der Mensch abkehrt von sich selbst und von allen geschaffenen Dingen – soweit du das tust, so weit wirst du geeint und beseligt in dem Fünklein in der Seele, das weder Zeit noch Raum je berührte. Dieser Funke widersagt allen Kreaturen und will nichts als Gott unverhüllt, wie er ist. Ihm genügt es weder am Vater noch am Sohne noch am Heiligen Geist noch an den drei Personen zusammen, sofern eine jede in ihrer Eigenheit besteht ... Ja, ich will noch mehr sagen, was noch erstaunlicher klingt: Ich sage bei der ewigen und bei der immerwährenden Wahrheit, dass es diesem Lichte nicht genügt, an dem einfaltigen, stillstehenden göttlichen Sein, das weder gibt noch nimmt. Es will vielmehr wissen, woher dieses Sein kommt. Es will in den einfaltigen Grund, in die stille Wüste, in die nie Unterschiedenheit hineinlugte, weder Vater noch Sohn noch Heiliger Geist. In dem Innersten, wo niemand daheim ist, dort erst genügt es diesem Lichte, und darin ist es innerlicher als in sich selbst. Denn dieser Grund ist eine einfaltige Stille, die in sich selbst unbeweglich ist. Von dieser Unbeweglichkeit aber werden alle Dinge bewegt und werden alle diejenigen Leben empfangen, die vernunftbegabt leben in sich selbst. – Dass auch wir in diesem Sinne vernunftgemäß leben, dazu helfe uns Gott. Amen. (Quint 315 f)

Ein anderer Aspekt des Seelenfunkens bezieht sich auf das menschliche Erkenntnisvermögen. Darauf kommt er in der Predigt zu sprechen, die er einer Stelle aus dem ersten Johannesbrief 3,1 zuordnet:

Videte, qualem charitatem dedit nobis pater, ut filii dei nominemur et simus.

Sehet, welch eine Liebe hat uns der Vater erzeiget, dass wir Gottes Kinder sollen heißen.

Es ist uns zu wissen, dass Gott zu erkennen und von ihm erkannt zu werden, Gott zu sehen und von ihm gesehen zu werden letztlich eins ist. Indem wir Gott erkennen und sehen, erkennen und sehen wir, dass er uns sehen und erkennen macht.

Es spricht Sankt Johannes: „Sehet, welch eine Minne uns Gott zugewandt hat, dass wir Gottes Kinder geheißen werden und sind." Er sagt das nicht nur, vielmehr: Wir sind es auch. Also sage ich: So wenig der Mensch ohne Weisheit weise sein kann, so wenig kann er Sohn sein ohne die Wesenhaftigkeit des Sohnes Gottes …

Wie sind wir nun Gottes Kinder? Noch wissen wir es nicht; es ist noch nicht offenbar. Nur so viel wissen wir davon, wie er sagt: Es gibt etliche Dinge, die uns dies in unseren Seelen verdecken und der Erkenntnis entziehen. (Pf 38 f)

Die Seele enthält etwas in sich, ein Fünklein (funkelin) der Redlichkeit, das nimmer verlischt. Und in dieses Fünklein setzt man das Bild der Seele, nämlich in das oberste Teil des Gemütes. Auch gibt es ein Erkennen in unseren Seelen für die äußeren Dinge, das heißt für das sinnliche Wahrnehmen und das Erkennen durch den Verstand.

Wie aber sind wir Kinder (Söhne und Töchter) Gottes? Wir sind es dadurch, dass wir ein Sein mit ihm haben …

Ich sage weiter: Im Reich der Himmel ist alles in allem und alles unser. Was unsere Jungfrau (Maria) an Gnaden hat, das ist alles in mir. (Pf 39)

Unleugbar sind die Beschwernisse (gebreste) und das Unzulängliche, das unser Menschsein belastet. Da fragt sich, wie man damit von Fall zu Fall umgehen soll. Welchen Rat hat Eckhart zu geben? Zunächst sein Hinweis auf Herkunft und Beschaffenheit des Unzulänglichen:

Bedenke, was das gebresthaft Unzulängliche ist. Es kommt vom Nicht(igen) her. Darum muss das Nichtige im Menschen getilgt werden. Denn solange das Unzulängliche in dir ist, so bist du kein Kind Gottes ... Darum muss es alles getilgt und entfernt werden, dass der Mensch Gottes Kind (Sohn) werde, damit weder Klage noch Leid übrig bleibt ... Wir werden ihm nicht gleich, wenn wir dieses Nichtige nicht ausgetrieben haben, damit wir alles in allem werden, so wie Gott alles in allem ist.

Von da aus kommt Eckhart auf den doppelten Ursprung des Menschen zu sprechen, von dem er sagt, dass er an dem Grund des Seins in Gestalt der Ebenbildlichkeit teilhat. Darunter versteht er offensichtlich nicht nur eine aus der Schöpfung stammende Naturgegebenheit. Hinzu kommt der Gesichtspunkt eines Werdeprozesses, das heißt der Gottesgeburt im Seelengrund. Zu den Anzeichen dieser Geburt gehört das in Freude zu verwandelnde Leid.

Es gibt zweierlei Geburt des Menschen, eine, die von der Welt stammt, und eine von außerhalb der Welt. Sie ist geistlichen Ursprungs aus Gott. Willst du nun wissen, ob dein Kind geboren werde und ob es aufgedeckt sei, das heißt, ob du Gottes Sohn geworden bist? So lange du Leid in deinem Herzen trägst wegen irgendetwas, und sei es einer Sünde wegen, so lange ist dein Kind noch nicht geboren. Hast du Herzeleid, so bist du noch nicht Mutter; vielmehr bist du [erst] im Gang der Gebärung und der Geburt nahe. Darum zweifle nicht, wenn du voll Leid bist, um dich oder um deinen Freund … Alles Herzeleid wirf von dir, damit in deinem Herzen nichts als Freude sei, die andauert …

Darum, wenn du dahin kommst, dass du weder Leid noch Kümmernis hast und alles lautere Freude wird, so ist in Wahrheit das Kind geboren. Also befleißigt euch, dass nicht allein das Kind [einst] geboren werde, sondern vielmehr schon geboren sei, so wie der Sohn in Gott alle Zeit geboren ist und alle Zeit geboren wird. Dass uns das widerfahre, dazu helfe uns Gott. Amen. (Pf 41 f)

Von der Botschaft des Engels

Die von und nach Gott gebildete Seele bedarf – trotz ihrer vom Schöpfer beigelegten Würde der Gottesebenbildlichkeit – von Fall zu Fall eines Beistands, der Erkenntnis vermittelt und einen Vorgang der Verwandlung einleitet. Eckhart verweist auf die Botschaft des Engels und nimmt auf jenes 12. Kapitel aus der Apostelgeschichte Bezug, in dem Petrus eine Situation des Gefangenseins zu erleiden hat. Der Apostel ist in Jerusalem zum Opfer einer durch König Herodes initiierten ersten Christenverfolgung geworden. Während seiner Inhaftierung erlebte er seine wundersame Befreiung. In Verbindung mit einer Lichterscheinung wird von der Begegnung mit einem Engel berichtet. Wieder setzt sich Eckhart in seiner Predigt über den buchstäblichen Schriftsinn hinweg und findet für die

Gestalt des Petrus eine Entsprechung für einen Erkenntnisvorgang, der in der eigenen Seele zu geschehen hat. Wie aus dem folgenden Text ersichtlich, denkt Eckhart an die Vollmacht verleihende Schlüsselübergabe gemäß Matthäus 16,19: „Ich will dir des Himmelreichs Schlüssel geben …"

Nunc scio vere, quia misit dominus angelum suum (Apg 12,11)

Da Petrus durch die Gewalt des hohen obersten Gottes aus dem Gefängnis befreit wurde, sprach er: Nun weiß ich wahrlich, dass mir Gott einen Engel gesandt und mich von der Gewalt des Herodes und aus den Händen der Feinde erlöst hat.

Nun kehren wir das (Bibel-)Wort um und sprechen: Weil mir Gott seinen Engel gesandt hat, darum erkenne ich wahrlich. Dabei bedeutet „Petrus" soviel wie „Erkenntnis". Ich habe ja auch andernorts gesagt: Erkenntnis und Vernunft vereinigen die Seele mit Gott. (Pf 97)

Da spricht Petrus: „Jetzt erkenne ich wahrhaft." Aber warum erkennt man hier wahrhaft? Das kommt daher, dass ein göttliches Licht erscheint, das niemanden trügt. Das andere besagt, weil man da bloß und lauter erkennt, und zwar unverhüllt. Davon spricht auch Paulus: „Gott wohnt in einem Lichte, zu dem es keinen Zugang gibt." …

(Nochmals:) „Nun weiß ich wahrhaftig, dass Gott mir seinen Engel gesandt hat." Wenn Gott seinen Engel in die Seele hineinsendet, so wird sie wahrhaft erkennend. Hat doch Gott dem Sankt Petrus den Schlüssel übergeben, denn „Petrus" heißt ja soviel wie Erkenntnis. Erkenntnis aber hat den Schlüssel und dringt ein und bricht durch und findet Gott bloß und unverhüllt …

Die Seele – sie ist eine Fürstin – ist so adelig in ihrem Höchsten und Lautersten, dass die Meister keinen Namen für sie finden können. Sie nennen sie „Seele“, weil sie dem Leibe Wesen verleiht. (Pf 98)

Es ist wohl wahr: Die Seele ist nach Gott gebildet in ihrem obersten Teile. Aber der Engel ist ein näheres Bild Gottes. Alles, was am Engel ist, das ist nach Gott gebildet. Darum wird der Engel zur Seele gesandt, dass er sie zurückführe zu dem (Ur-)Bild, nach dem sie gebildet ist …

Und also geschieht es: Was von Gott kommt, das wird verwandelt , so geringwertig es auch sei. Wenn wir es zu Gott bringen, so entäußert es sich selbst. Nehmt euch das zum Gleichnis: Habe ich die Weisheit, so bin ich sie nicht selbst. Ich kann Weisheit gewinnen und ich kann sie auch verlieren. Es wird in die göttliche Natur versetzt, denn die göttliche Natur ist so kräftig! … Nun vernehmt das Wunder: Weil Gott so geringe Dinge in sich verwandelt, was meint ihr wohl, dass er mit der Seele tue, die er mit seinem Ebenbild würdig gemacht hat? (Pf 99)

Gott die Ehre geben

Iusti autem in perpetuum vivent et apud dominum est merces erorum

Die Gerechten sollen ewiglich leben, und ihr Lohn ist bei Gott (Weisheit 5,16)

Nun merkt genau auf den Sinn dieses Wortes, mag er sich auch einfach und schlicht anhören, so ist er doch bedeutsam und klug. „Die Gerechten sollen ewiglich leben.“ – Aber wer sind die Gerechten?

Eine Schrift sagt: Der ist gerecht, der einem jeglichen gibt, was sein eigen ist. Ebenso sind es die, die Gott geben, was sein ist, so auch den Heiligen und den Engeln, (schließlich) dem Mitmenschen, was jeweils sein ist.

Gott gebührt die Ehre. Wer sind die, die Gott ehren? Die aus sich selbst (aus ihrer Ichheit) ausgegangen sind und das Ihre nicht suchen, und zwar in keinen Dingen, was immer es sei, weder Großes noch Kleines. [Es sind die,] die nichts unter sich noch über sich, nichts neben sich noch an sich sehen; (ferner) die nicht nach Gut und Ehre, nicht nach Lust noch Nutzen, nicht nach Innigkeit, nicht nach Heiligkeit noch nach Lohn oder Himmelreich trachten, die alles dies, alles Ihrige, von sich abgetan haben. (Pf 202)

Man soll den Heiligen und den Engeln Freude bereiten. Ei, Wunder über Wunder! Kann ein Mensch in diesem Leben Freude geben denen, die im ewigen Leben weilen? Ja, wahrlich! Ein jeglicher Heiliger hat so große Lust nach und so unaussprechliche Freude über ein jegliches gutes Werk. Durch ein gutes Wollen oder Verlangen empfinden sie so große Freude, dass es kein Mund aussprechen und kein Herz ersinnen kann, wie groß die Freude durch sie auch sei. (Pf 202 f)

Unlängst kam mir ein Gedanke: Wollte Gott nicht so wie ich, so will ich doch wie er. Manche Leute wollen in allen Dingen ihren Willen durchsetzen. Das ist böse und stellt ein Fehlverhalten dar … Die Gerechten haben überhaupt keinen (eigenen) Willen. Was Gott will, das ist (für sie) alles gleich, wie groß das Ungemach auch sei. (Pf 203)

Lob der Armut im Geiste

Es liegt in der Natur einer Predigt, dass sie im gedanklichen Zusammenhang von aktuellen Zeitereignissen steht oder dass zumindest von daher, bald ein Licht, bald ein Schatten auf die Ausführungen des jeweiligen Predigers fällt. Das gilt in besonderer Weise für das Thema der Armut, das auch am Anfang des 14. Jahrhunderts, das heißt während Eckharts letzter Lebenszeit, die Gemüter vieler in Kirche und Gesellschaft erregt hat. Während beispielsweise das franziskanische Generalkapitel 1322 in Perugia einmütig als katholische Lehre erklärte, dass Christus und die Apostel kein Eigentum besessen haben, widerstand dem Papst Johannes XXII. und ließ diese Auffassung als Häresie inquisitorisch verfolgen. Damit waren alle diejenigen betroffen, die im deutlichen Kontrast zum Prunk des „Stellvertreters Christi auf Erden" und der oberen Geistlichkeit ein dem apostolischem Beispiel gemäßes Leben führen wollten. Abgesehen von der lebenslangen mönchischen Verpflichtung, ein Leben in Armut zu führen, stellen Franziskaner und Dominikaner, also Meister Eckhart selbst, als Angehörige eines Bettelordens Exponenten dieser Lebens- und Geisteshaltung dar.

Eckhart lässt sich in seiner Ansprache von der ersten Seligpreisung am Anfang der Bergpredigt (Mt 5,3: Selig sind, die geistlich arm sind, denn das Himmelreich ist ihrer …) leiten und knüpft daran Gedanken, die ihn aufs Neue zu Grundfragen der Gotteserkenntnis führen. Es handelt sich hierbei um eine Predigt, die aus der letzten Zeit seines Schaffens stammt, das heißt wenige Monate vor seiner Abreise nach Avignon, wo ihn das päpstliche

Inquisitionsgericht erwartet. Damit ist gesagt, dass hier einer spricht, der längst weiß, dass er durch seine Kirche der Irrlehre verdächtigt ist, also ein Beschuldigter und Angeklagter! Insofern trägt diese Eckhart-Predigt vermächtnishafte Züge.

Es darf auch an Eckharts berühmte, am 1. Juni 1210 in Paris als Ketzerin verbrannte geistesverwandte Zeitgenossin Marguerite Porete, eine Begine, gedacht werden, in deren inkriminiertem Werk „Miroir" (Spiegel der einfachen Seelen) von der Armut im Geist in analoger Weise gesprochen wird, gilt doch diese Armut als Ausdruck des totalen Ledig- und Freiseins, das der Prediger seinen Zuhörern nahelegt. Darin besteht zwischen ihr, aber auch mit anderen Beginen sowie den (männlichen) Begarden und Eckhart eine bemerkenswerte Übereinkunft.[36]

Wenn dieser Predigttext auch nicht ganz frei von überlieferungsbedingten Mängeln ist, so ist doch auf die relativ zahlreichen Textzeugen hinzuweisen, die dafür sprechen, dass er – nach Kurt Ruh – zu den am breitesten überlieferten Dokumenten dieser Art gehört. Das zeigen die zahlreichen positiv wie negativ kommentierten Zitate, die bis in die Reformations- und Nachreformationszeit (z.B. Valentin Weigel) reichen.

Beati pauperes spiritu, quia ipsorum est regnum coelorum (Mt 5,3)

Die Seligkeit – in der Person Christi – tat ihren Mund der Weisheit auf und sprach: „Selig sind die Armen im Geiste, denn das Reich der Himmel gehört ihnen." Alle Engel und alle Heiligen und alles, was je geboren wurde,

36 Kurt Ruh: Meister Eckhart, S. 160. – Irene Licht: Marguerite Porete. Eine fromme Intellektuelle und die Inquisition. Freiburg 1999.

muss schweigen, wenn die ewige Weisheit des Vaters (d.h. Christus) spricht, denn alle Weisheit der Engel und aller Geschöpfe ist ein gänzliches Nichts vor der grundlosen Weisheit Gottes. Diese Weisheit hat gesprochen, dass die Armen selig seien.

Nun gibt es zweierlei Armut. Eine äußere, und die ist gut und sehr zu loben am Menschen, der sie freiwillig aus Liebe zu unserem Herrn Jesus Christus auf sich nimmt, weil er sie selbst auf Erden gelebt hat. Von dieser Armut will ich nicht weiter sprechen. Daneben gibt es noch eine andere Armut, eine *innere* Armut. Und die meint das Wort unseres Herrn, wenn er spricht: „Selig sind die Armen im Geiste."

Nun bitte ich euch, so zu sein, dass ihr diese Rede versteht, denn ich sage euch bei der ewigen Wahrheit: Wenn ihr nicht der Wahrheit gleicht, von der wir nun sprechen wollen, so könnt ihr mich nicht verstehen. (DW II, 486 f)

Eckhart lässt damit durchblicken, dass ihm durchaus bewusst bleibt, wie schwer er bisweilen zu verstehen ist, auch worauf es ihm bei der Rezeption seiner Gedanken letztlich ankommt: nämlich um nicht weniger als um der Wahrheit gleich zu werden, – eine hohe Forderung, die er selbst von seinen Anklägern verlangt. Zu derartigen Aussagen mag auch der mit allerlei subtilen Spekulationen verquickte Satz gehören, der keine Paradoxie oder Übersteigerung zu scheuen scheint:

Wir bitten Gott, dass wir „Gottes" ledig (d.h. von bestimmten Gottesvorstellungen frei) werden und dass wir die Wahrheit dort erfassen und ewiglich genießen, wo die obersten Engel und die (unscheinbarste) Fliege und die Seele gleich sind … Soll der Mensch arm sein an Willen, so muss er so wenig wollen und begehren, wie er wollte und begehrte, als er noch gar nicht war. Und in dieser Weise ist der Mensch arm, der nichts will.

Zum anderen Male ist das ein armer Mensch, der nicht(s) weiß. Gelegentlich habe ich gesagt, dass der Mensch so leben sollte, dass er weder sich selber noch der Wahrheit noch Gott lebe. Jetzt aber sage ich es anders und über jenes hinaus: Der Mensch, der diese Armut haben soll, muss so leben, dass er gar nicht weiß, ob er sich selbst, der Wahrheit oder Gott lebe. Vielmehr soll er so völlig frei von allem Wissen sein, dass er nicht wisse, noch erkenne und empfinde, dass Gott in ihm lebe. Mehr noch: Er soll frei sein von allem Erkennen, das in ihm lebt. Denn als der Mensch noch im ewigen Wesen Gottes stand, lebte in ihm nichts anderes (als dies Wesenhafte). Was er da lebte, das war er selbst. So wollen wir sagen, dass der Mensch so frei sein soll von seinem eigenen Wissen, wie er war, als er noch nicht war, und lasse Gott wirken, was er wollen mag; und der Mensch stehe ledig. (DW II, 493 ff)

Die unerhörte, keiner weiteren Steigerung fähige Bitte, Gott möge den nach totaler Armut und Freiheit strebenden Menschen selbst von Gott frei und ledig machen, sucht er damit zu begründen,

…weil mein wesentliches Sein oberhalb von Gott ist, insofern wir ihn als Ursache der Kreaturen begreifen. In jenem Sein Gottes nämlich, wo Gott über allem Sein und über aller Unterschiedenheit ist, dort war ich selbst, da war ich auf mich selber gerichtet und erkannte mich selber, indem ich diesen Menschen (d.h. mich) schaffen wollte. Und darum bin ich, indem ich die Ursache meiner selbst gemäß meinem Sein bin, das ewig ist, nicht aber meinem Werden, das zeitlich ist. Und darum bin ich ungeboren, und nach dieser Weise der Ungeborenheit kann ich niemals sterben. (DW II, 505 f)

In der gewiss nicht ganz unbegründeten Annahme des Predigers, mit diesen und weiteren kühnen Aussagen seine Zuhörerschaft doch einigermaßen überfordert zu haben, kommt Eckhart zu dem tröstenden Schluss:

Wer diese Rede (noch) nicht versteht, der bekümmere sein Herz nicht damit. Denn solange der Mensch dieser Wahrheit nicht gleich ist, wird er diese Rede nicht verstehn, ist es doch eine unverhüllte Wahrheit, die (völlig) unvermittelt aus dem Herzen Gottes hervorgekommen ist. Dass wir so leben mögen und dass wir (es schließlich) ewiglich erfahren, dazu helfe uns Gott. Amen. (Pf 284)

Von der Gottheit und vom Werden Gottes

Es entspricht dem Wesen der uns überlieferten Predigten Meister Eckharts, dass bisweilen recht unterschiedliche Themen zu ein und demselben Bibeltext zur Sprache kommen. Insofern ist es dem heutigen Leser überlassen, sich für die ihm wesentlich erscheinende Sinnmitte der jeweiligen Predigt zu entscheiden. Gott und Gottheit, dazu der erstaunliche, zur Meditation anregende Gedanke vom Werden Gottes, mag die Überschrift dieses Abschnitts rechtfertigen.

Diese sogenannte „Opferstockpredigt" gehört dem Vernehmen nach zu den letzten in Köln gehaltenen Predigten und zählt somit zum Spätwerk Eckharts. Am Eingang finden sich die Sätze, die sich mit dem Doppelaspekt des Blutes beschäftigen. Zum einen steht Blut für den Willen, der dem Guten dient; zum andern drückt das Blut bzw.

Fleisch die egozentrierten Triebe der Begierde aus, die dem Geist widerstreben. Der Geist ist es, der wirkt und Leben erweckt; das Fleisch ist zu nichts nütze (Joh 6,63). Wem es dagegen an Geist mangelt, der urteilt nach dem vergänglichen Fleisch (Joh 8,15) und verfehlt damit die Wahrheit.

Nolite timere eos, qui corpus occidunt, animam autem occidere non possunt

Fürchtet nicht, die euch töten dem Leibe nach, die Seele aber nicht töten können (Mt 10,28)

Der Geist gibt dem Geist Leben. Die euch töten wollen, die sind Fleisch und Blut, und das ist beides sterblich. Das Edelste am Menschen ist das Blut, wenn es wohl will. Aber es ist (andererseits) das Ärgste im Menschen, wenn es das Übel will. Siegt das Blut über das Fleisch, so ist der Mensch demütig, geduldig, keusch und hat alle Tugend an sich. Siegt hingegen das (egobeherrschte) Fleisch über das Blut, so wird der Mensch stolz, zornig, unkeusch und hat alle Untugend an sich …

Wie in anderem Zusammenhang dargestellt[37]*, wurde diese Eckhart-Stelle durch den nationalsozialistischen Blut-und Boden-Mythus des Dritten Reiches in unvertretbarer Weise missdeutet und missbraucht. Es erübrigt sich, an dieser Stelle eine zusätzliche dafür Begründung zu liefern, worin der radikale Fehlgriff besteht. Offensichtlich gelang es Alfred Rosenberg, dem Autor des während der NS-Zeit in hoher Auflage vertriebenen „Mythus*

37 Vgl. weiter oben, Anm. 3; Alfred Rosenberg: Der Mythus des 20. Jahrhunderts. München 1936, S. 258: „Rasse und Ich, Blut und Seele stehen im engsten Zusammenhange, für einen Bastard taugt Meister Eckharts Lehre nicht, ebenso wenig für jene fremdartige Rassenmischung, die von Osten in das Herz Europas eingesickert ist und das untertänigste Element Roms ausmacht …"

des 20. Jahrhunderts" dennoch, die Gemüter ungezählter Zeitgenossen zu verwirren und damit Eckharts Mystik und die christliche Mystik als solche in Verruf zu bringen.

Als Gott den Menschen schuf, da wirkte er in der Seele sein gleichartiges Werk, sein wirkendes Werk und sein immerwährendes Werk. Das Werk war so groß, dass es nichts anderes war als die Seele; und die Seele war nichts anderes als das Werk Gottes. Gottes Natur, sein Sein und seine Gottheit bestehen darin, dass er in der Seele wirken muss. Gesegnet, ja gesegnet sei Gott! Wo nun die Seele ist, in der Gott sein Werk wirkt, da ist das Werk so groß, dass dieses Werk nichts anderes ist als die Liebe. Die Liebe aber ist Gott selbst ... In der Liebe, in der Gott sich liebt, darin liebt er (gleichzeitig) alle Geschöpfe, nicht aber als Geschöpfe (allein), sondern die Geschöpfe (als Anteile) Gottes. In der Liebe Gottes liebt er (gleichzeitig) alle Dinge. (Pf 179 f)

Gott, „das beladenste aller Menschenworte" (M. Buber), wird allzu oft in menschlich-allzu-menschlicher Weise gedankenlos ausgesprochen. Darüber wird theologisiert, als sei der Allheilige zumindest denkerisch verfügbar. Eckhart unterscheidet deutlich „Gott" (im Sinne von menschlicher Gottesvorstellung), über den oder die man Aussagen machen kann, von der „Gottheit", die als Deus absconditus transzendent bleibt, das heißt: weil sie jenseits des Sagbaren oder Beschreibbaren verborgen ist, jenseits jeder Gestalt oder Vorstellung als Eins, *als* Grund *und* Ursprung *allen Seins.*

Wo alle Geschöpfe Gott aussprechen, da wird Gott. Als ich noch im Grunde, im Boden, im Strom und Quell der Gottheit stand, da fragte mich niemand, wohin ich wollte und was ich täte. Da war niemand, der mich gefragt hätte. Als ich dann ausfloss, da sprachen alle Geschöpfe „Gott". Fragte man mich: „Bruder Eckhart, wann gingst du aus dem Hause?" – dann bin ich darin gewesen. So also reden alle Geschöpfe von Gott. Und warum reden sie nicht von der „Gottheit"? Weil alles, was in der Gottheit ist, Eins ist. Und davon kann man nicht reden. Gott wirkt, die Gottheit wirkt nicht. Sie hat auch nichts zu wirken. In ihr ist kein Werk. Sie hat es niemals auf ein Werk abgesehen. Gott und Gottheit sind unterschieden nach Wirken und Nichtwirken ... Wenn ich in den Grund, in den Boden, in den Strom und in die Quelle der Gottheit komme, so fragt mich niemand, woher ich komme und wo ich gewesen bin. Dort hat mich niemand vermisst; dort entwird Gott.

Wie jeder, der eine Botschaft auszurichten hat, verstanden werden möchte, so natürlicherweise auch der Prediger Eckhart. Was aber, wenn niemand zugegen sein sollte und die zu erwartenden Empfänger der Botschaft fehlen, wenn sich kein Ohr und kein Herz öffnet, um das Ausgesandte aufzunehmen? – Eckhart kann nicht zweifeln, wie wichtig der Gehalt seiner Predigt ist; sie muss so oder so ausgerichtet werden, selbst wenn nur ein Opferstock dastünde ...

Wer diese Predigt verstanden hat, dem gönne ich dies wohl. Wäre hier niemand dagewesen, ich hätte sie diesem Opferstocke predigen müssen [so bedeutsam ist Mal um Mal die auszusagende Botschaft]. Es gibt manche unbedarften Leute, die kehren wieder heim und sagen: „Ich will an meinem Platz sitzen bleiben und mein Brot verzehren und Gott dienen." – Wahrlich, das sage ich: Diese Leute bleiben in der Irre und können niemals so weit gelangen noch das erringen, was die anderen erreichen, die Gott in Armut und in der Fremde nachfolgen. Amen. (Pf 181)

Von Gott und der Seele Natur

Augustinus, auf den sich Meister Eckhart in seinen Schriften mehrfach bezieht, hat in seinen „Selbstgesprächen" (Soliloquia) die programmatische These ausgesprochen: „Gott und die Seele will ich erkennen. – Nichts weiter? – (Antwort:) Gar nichts." So kann es nicht verwundern, wenn auch der Prediger dieses Thema in mannigfachen Variationen zur Sprache bringt und zur Meditation anregend umkreist. Ein Motiv, von dem er sagt, es komme bei ihm auch an vielen anderen Stellen vor, ist das Licht. Gemeint ist damit eine Teilhabe des Menschen an dem Ungeschaffenen, an der Ewigkeit. Das erinnert an Christian Knorr von Rosenroths (1636 – 1689) Lied:

Morgenglanz der Ewigkeit,
Licht vom unerschöpften Lichte,
schick uns diese Morgenzeit
deine Strahlen zu Gesichte
und vertreib durch deine Macht
unsre Nacht.

In einer Predigt, der kein biblischer Text zugrunde liegt, in der er aber auf die Besonderheit des Seelenfunkens zu sprechen kommt, bemerkt Eckhart hierzu:

Des Öfteren habe ich von einem Licht gesprochen, das in der Seele ist. Es ist ungeschaffen und unerschöpflich (oder unerschaffbar). Immer wieder berühre ich in meinen Predigten dieses Licht. Es nimmt Gott in sich auf, ohne etwas zwischen ihm und sich zu haben, ohne Decke, geradezu nackt, wie Gott in sich selbst ist. Und zwar ist es ein Aufnehmen [wie] im Werden einer Geburt. Daher kann ich gemäß der Wahrheit sagen: Dieses Licht hat mehr Einheit mit Gott als es eins ist mit irgendeinem Vermögen der Seele, mit der es mehr Einheit mit Gott hat als mit sich selbst ... (Pf 193)

In einer Predigt, der ein Wort aus dem den alttestamentlichen Apokryphen (bzw. für die Katholiken den deuterokanonischen Büchern des AT) zugehörigen Buch Jesus Sirach (50,10) vorangestellt ist, knüpft Eckhart wiederum an Augustinus an, um zu Einsichten über das Wesen der menschlichen Seele zu gelangen. Wie so oft bedient er sich eines Vergleichs.

Quasi vas auri solidum ornatum omni lapide pretioso ...
Wie ein Gefäß aus massivem
Gold und mit allerlei Edelsteinen geziert ...

Auf Lateinisch habe ich ein Wörtlein gesprochen. Das mag man auf Sankt Augustinus und auf jegliche gute Seele beziehen, wie sie einem goldenen Gefäß gleichen, das solide und beständig und mit kostbaren Edelsteinen geschmückt ist. Es liegt begründet im Adel der Heiligen ... Wahrhaftig, das kann man von einer jeglichen guten und heiligen Seele sagen, die alle Dinge (los)gelassen (und preisgegeben) hat und sie dort empfangt, wo sie in der Ewigkeit sind. Wer (auf diese Weise) die Dinge lässt, wie sie einem zufallen, der besitzt sie dort, wo sie ein lauteres Wesen an sich tragen und ewig sind ...

Geistige Gefäße und irdische Gefäße unterscheiden sich ... Alles, was ein geistiges Gefäß aufnimmt, das ist von seiner Natur. Gottes Natur besteht darin, dass er sich einer jeglichen guten Seele gibt; und der Seele Natur ist es, dass sie Gott in sich aufnimmt. Das kann man im Hinblick auf das Edelste sagen, das der Seele gemäß ist. Darin trägt die Seele das göttliche Urbild und ist Gott gleich. (Pf 67 f)

Eckhart geht auf den Vergleich ein und gibt zu bedenken, dass ein Bild sein Sein unmittelbar von dem Abgebildeten empfängt. Die Natur ergieße sich völlig in das Bild, obwohl es doch weiterhin ganz in sich selbst verharrt.

Ihr sollt wissen, dass das einfaltige göttliche Bild, das in die Seele eingeprägt ist im Innersten der Natur, ohne Vermittlung empfangen wird. Und das Innerste, Edelste , das in der göttlichen Natur ist, erbildet sich in aller Eigentlichkeit in das Bild der Seele ... Hier ist Gott unvermittelt in dem Bild, und das Bild ist unvermittelt in Gott. Hier nimmt das Bild Gott nicht auf, insofern er der Schöpfer ist, sondern es nimmt ihn entgegen, wie er ein Vernunftwesen ist. Und das Edelste der göttlichen Natur erbildet sich ganz eigentlich in das Bild ... (Pf 68 f)

Oft fragt ihr, wie ihr leben sollt. Mit Fleiß sollt ihr das erkennen. Gerade so, wie es hier von einem Bild gesagt wurde, gerade so sollst du leben. Du sollst aus ihm sein und sollst für Gott da sein. Nicht aus dir selbst sollst du sein, nicht für dich sollst du sein und keinem anderen sollst zu eigen sein. (Pf 69)

Eine Schriftstelle sagt: Niemand erkennt den Vater als allein der Sohn (Mt11,27). Wollt ihr daher Gott erkennen, so müsst ihr dem Sohn nicht allein gleich sein, sondern ihr müsst vielmehr selbst der Sohn sein. Aber etliche Leute wollen Gott betrachten, wie sie eine Kuh ansehen. Auch wollen sie Gott lieben, wie sie eine Kuh lieben. Die Kuh liebst du wegen ihrer Milch, wegen des Käses, also wegen deines Nutzens. So verfahren alle jene Leute, die Gott des äußeren Reichtums oder des inneren Trostes wegen lieben. Aber die lieben Gott gar nicht wirklich, sondern sie lieben Gott ihres Eigennutzes wegen. Ja, ich sage es wahrhaftig: Alles, worauf du deine Absicht ausrichtest und was nicht Gott in sich selbst ist, das kann niemals so gut sein, dass es dir nicht ein Hindernis ist zu der unmittelbaren Wahrheit.

Und wie oben gesagt: So wie Sankt Augustinus mit einem goldenen Gefäß zu vergleichen ist, das unten dicht verschlossen und oben geöffnet ist, genau so sollst du auch sein. Und willst du dich zu Augustinus halten und gemäß der Heiligkeit der Heiligen, so muss auch dein Herz gegen alles Geschaffene verschlossen sein; [gleichzeitig] musst du Gott annehmen, wie er in sich selbst ist. (Pf 70)

Beständig sollst du sein und fest. Das heißt: Ausgeglichen und fest sollst du stehen in Liebe und Leid, in Glück und Unglück. Du sollst die Kostbarkeit der Edelsteine an dir haben. Das heißt: Alle Tugenden seien in dir enthalten und deinem Wesen gemäß sollen sie aus dir hervorfließen. (Gleichzeitig) sollst du alle Tugenden durch- und überschreiten und die Tugend nur in jenem Urgrunde aufnehmen, wo sie mit der göttlichen Natur eins ist. Und um soviel du der göttlichen Natur noch mehr vereint bist als der Engel, soviel muss er durch dich [mit diesem wesenhaften Mehr] empfangen. Dass wir zu dem (einigen) Eins werden, dazu helfe uns Gott. Amen. (Pf 71)

Geistig geboren werden

Zusammen mit dem besprochenen augustinischen „Gott und die Seele"-Thema umkreist Eckhart wiederholt ein anderes in seinem Predigten. Es ist die Sehnsucht, dass sich die Gottes-oder Christus-Geburt im Seelengrund eines jeden Menschen erfüllen möge. In seinem „Cherubinischen Wandersmann" (I, 61) hat es Angelus Silesius in dem viel zitierten Zweizeiler auf den Punkt gebracht:

Wird Christus tausendmal zu Bethlehem geboren
Und nicht in dir, du bleibst noch ewiglich verloren.

Mit anderen Worten: Das historische Ereignis der Christus-Erscheinung bleibt ein belangloses Datum der Vergangenheit, wenn es den heutigen Menschen nicht existenziell betrifft. Es bliebe ein zufälliges und damit unverbindliches Geschichtsereignis, etwa im Sinne Lessings, und würde nicht zu einer Tatsache, die uns „unbedingt angeht" (P. Tillich). Damit rückt Eckhart die zum Realgleichnis erhobene Gestalt Mariens in den Mittelpunkt der Betrachtung. Die mütterliche Maria wird zum Bild der menschlichen Seele erhoben, geht es doch darum, dass man nicht allein rückblickend ihrer gedenkt, sondern der Mal um Mal zu geschehenden geistigen Geburt gewahr wird.

Ave, gratia plena
Sei gegrüßt, du voll der Gnaden! (Lk 1,28)

Dieses Wort steht im Evangelium geschrieben und lautet auf deutsch so viel wie: Gegrüßt bist du, du Gnadenvolle, unser Herr ist mit dir! Der Heilige Geist soll von oben von dem obersten Throne in dich herniederkommen von dem Licht des ewigen Vaters.

Hier ist nun dreierlei zu verstehen: Zuerst die Niedrigkeit der Natur eines Engels; zum andern, dass sich der (verkündigende Engel Gabriel) als unwürdig erkannte, die Mutter Gottes mit Namen ansprechen zu sollen; zum dritten, dass er das Wort nicht nur zu ihr, sondern einer sehr großen Schar richtete, das heißt zu einer jeglichen guten Seele sprach, die nach Gott verlangt.

Ich sage nun: Hätte Maria nicht zuerst Gott auf geistliche Weise geboren, er wäre nie von ihr leiblich geboren worden. So sprach einst eine Frau zu Christus: „Selig der Leib, der dich getragen hat." Darauf Christus: „Der Leib allein ist nicht selig, der mich getragen hat; selig sind (vielmehr), die das Wort Gottes hören und bewahren." Es ist bei Gott wertvoller, dass er (der Mensch) geistig geboren werde von einer jeglichen Jungfrau, das heißt: von einer guten Seele, als dass er von Maria leiblich geboren würde.

Darunter ist zu verstehen, dass wir selbst der einige Sohn (Gottes) sein sollen, den der Vater ewiglich geboren hat. Als der Vater alle Kreaturen gebar, da gebar er auch mich, und ich floss hervor mit allen Kreaturen, und verblieb doch innen im Vater. Ganz so, wie das Wort, das ich jetzt spreche. Es entspringt in mir; zum andern verweile ich in der Vorstellung (beim Sprechen), zum dritten spreche ich es aus, und ihr alle nehmt es auf. Dennoch bleibt es eigentlich in mir. So bin ich auch im Vater geblieben. Im Vater ruhen die Urbilder aller Kreaturen. Selbst dieses Holz (des Predigtstuhls) hat ein solches geistiges Urbild in Gott. (Pf 284 f)

Das allergrößte Gut, das Gott dem Menschen je angedeihen ließ, das war, dass er Mensch wurde. (Pf 285)

Ausgehend vom Prolog des Johannesevangeliums – „In principio erat verbum", im Anfang war das Wort – wagt Eckhart nicht nur dem Ursprung des Menschen aus Gott nachzusinnen, sondern darüber hinaus Gottes ewige Vaterschaft auf sich zu beziehen.

„In principio" (im Anfang). Damit ist uns zu verstehen gegeben, dass wir ein einiger Sohn sind, den der Vater ewiglich geboren hat aus der verborgenen Finsternis der ewigen Verborgenheit, hineingebildet in den ersten Beginn der ersten Lauterkeit (und Klarheit), die da eine Fülle aller Lauterkeit ist. Hierin habe ich ewiglich geruht und geschlafen in der verborgenen Erkenntnis des ewigen Vaters, innebleibend und unausgesprochen. Aus solcher Lauterkeit hat er mich ewiglich geboren als seinen eingeborenen Sohn, hinein in das Ebenbild seiner ewigen Vaterschaft, damit ich Vater sei und den gebäre, von dem ich geboren bin. (Pf 286)

Also tut es Gott: Er gebiert seinen eingeborenen Sohn in den höchsten Teil der Seele. In demselben Vorgang, in dem er seinen Sohn in mir gebiert, gebäre ich ihn – gleichsam erwidernd – hinein in den Vater. Das ist nicht anders, als wenn Gott den Engel gebar, während der wiederum von der Jungfrau geboren wurde. (Pf 286 f)

Geradezu als zwingend empfindet es Eckhart, dass sich der Mensch demütigt. Dann könne Gott seine Güte nicht zurückhalten. Er müsse vielmehr sich in den demütigen Menschen einsenken. Auf diese Weise sind menschliche Hingabe und göttliche Zuwendung miteinander verschränkt.

Dem Allergeringsten teilt er sich am allermeisten mit; er gibt sich ihm ganz und gar. Was Gott gibt, das ist sein Sein, und sein Sein ist seine Güte, und seine Güte ist seine Liebe … Der Mensch soll Gott nicht fürchten. Furcht ist schädlich. Eine recht[mäßig]e Furcht besteht dann, wenn man fürchtet, Gott zu verlieren. Der Mensch soll ihn nicht fürchten, er soll ihn lieben. Denn Gott liebt den Menschen aus seiner höchsten Vollkommenheit heraus …

Also lässt Gott dem Menschen geschehen: Meint er ihm zu entfliehen, so läuft er ihm geradezu in den Schoß, denn ihm sind alle Wege offen. Gott gebiert seinen eingeborenen Sohn in dir, ob es dir lieb ist oder leid tut, ob du schläfst oder wachst; er tut das Seine (ungehindert). (Pf 287)

Gott schuf die Seele nach seiner höchsten Vollkommenheit, dass sie eine Braut des eingeborenen Sohnes sein sollte. Da der Sohn dies erkannte, wollte er ausgehen aus seiner heimlichen Schatzkammer der ewigen Vaterschaft, in der er ewiglich und unausgesprochen innebleibend geruht hatte, (nämlich) „in principio“, im Anfang seiner ersten Lauterkeit …

Es gibt ein Ende allen Seins, denn der erste Anfang ist wegen des letzten Endzieles da. Ja, Gott ruht da nicht, wo der erste Beginn anfängt. Er ruht (endlich) da, wo Ziel und Ende alles Seins ist; (und zwar) nicht etwa, als ob dieses Sein (einst) vergehe. Es wird vielmehr vollendet als sein letztes Ziel gemäß seiner letzten Vollkommenheit. Was ist nun das letzte Endziel? Es ist das verborgene Dunkel der ewigen Gottheit. Es ist unerkannt und wurde niemals erkannt; es wird nie erkannt werden. Gott bleibt darin sich selber unerkannt. Und das Licht des ewigen Vaters hat da hineingeschienen ewiglich. Aber die Finsternis ergreift das Licht nicht (Joh 1,5). – Dass wir zu dieser Wahrheit kommen, dazu helfe uns die Wahrheit, von der ich gesprochen habe. Amen. (Pf 288)

II. Das Buch der göttlichen Tröstung

Wie bekannt, setzt sich Meister Eckharts Lebenswerk gemäß den wechselnden Aufträgen innerhalb seines Ordens, an der Hochschule und im Rahmen der geistlichen Nonnenbetreuung aus verschiedenen Elementen zusammen. Das spricht für seine vielseitige Befähigung, die ihn freilich von dem Verdacht, häretische Anschauungen zu vertreten, nicht frei hielt. Neben den Aufgaben als philosophisch-theologischer Hochschullehrer in Paris und der Predigt in der Volkssprache hatte er als Seelsorger zu wirken. Die Nonnenseelsorge (cura monialium), die den Dominikanern aufgetragen war, gehörte somit zu seinen Verpflichtungen. Im weitesten Sinn des Wortes oblag es ihm, Trost zu vermitteln. Der Traktat „Liber Benedictus" oder „Das Buch der göttlichen Tröstung" zeigt, in welcher Weise es Eckhart unternahm, leidgeprüfte Menschen aufzurichten und Zuversicht zu spenden. Der Titel des schmalen Buches leitet sich aus einer Stelle aus dem 2. Korintherbrief 1,2 ab:

Benedictus deus et pater domini nostri Jesu Christi

Der edle Lehrer Sankt Paulus spricht dieses Wort in seiner Epistel: „Gesegnet sei Gott und der Vater unseres Herrn Jesus Christus, ein Vater der Barmherzigkeit und Gott alles Trostes, der uns tröstet in all unserer Betrübnis.“

Nun sind da dreierlei Arten der Trübsal, die den Menschen überfällt und in diesem Elend bedrängt. Eines betrifft einen Schaden an äußerlichem Gut; das andere seine liebsten Freunde; das dritte in Gestalt von Geringschätzung, an Ungemach, an leiblichen Schmerzen und an Herzeleid ... (Pf 419)

Aus all der Lehre, die im heiligen Evangelium geschrieben steht, und im natürlichen Licht der vernunftbegabten Seele findet der Mensch wahren Trost all seines Leidens. Sankt Augustinus spricht: Für Gott ist nichts fern noch lang (andauernd). Willst du nun, dass er dir nicht fern und lange (zuwartend) sei, so füge dich in Gottes (Willen). Denn da sind tausend Jahre wie der heutige Tag. Ebenso sage ich: In Gott ist weder Traurigkeit noch Leid noch Ungemach. Willst du ledig sein alles Ungemachs und Leides, so halte dich zu ihm und wende dich Gott zu, zu Gott allein. Sicherlich kommt alles Leid von daher, dass du dich nicht allein Gott zuwendest. Stelltest du dich ausschließlich der Gerechtigkeit anheim, in sie hineingebildet und geboren, wahrhaftig, so könnte dir nichts Leid bringen gemäß der Gerechtigkeit Gottes. (Pf 421)

Nun sage ich weiter, dass alles Leid aus der Liebe zu dem kommt, was mir der Schaden genommen hat. Ist mir nun ein Schaden an äußeren Dingen leid, so ist dies ein wahres Zeichen dafür, dass ich äußere Dinge liebe und in Wahrheit somit Leid und Untrost liebe. Was Wunder also, dass ich dann in Leid gerate, wenn ich Leid und

Untrost liebe und suche? ... Wahrlich es ist Gott und der ganzen Welt wirklich unmöglich, dass der Mensch wahren Trost findet, der Trost sucht bei den Kreaturen. Wer aber Gott allein in der Kreatur liebt und die Kreatur allein in Gott, der findet wahren, rechten und gleichen Trost überall. (Pf 422)

Sankt Augustinus spricht: Herr, ich wollte dich nicht verlieren; ich wollte aber in meinem Verlangen mit dir zugleich die Kreaturen besitzen. Und eben darum verlor ich dich, denn es widerstrebt dir, dass man zusammen mit dir als der Wahrheit, die Falschheit besitze. Er sagt auch an anderer Stelle, dass der allzu Gierige sei, dem Gott allein nicht genügt ... Einem guten Menschen soll nicht zum Trost, sondern zur Pein gereichen, was Gott fremd ist und ungleich und was letztlich nicht Gott selbst ist. Alle Zeit soll er sprechen: Du, Herr Gott, mein Trost!

Alle Neigung, Lust und Minne kommt von dem, das seinesgleichen ist, denn alle Dinge sind geneigt und lieben Ihresgleichen. Der reine Mensch liebt alle Reinheit, der Gerechte neigt zur Gerechtigkeit und liebt sie. Der Mund des Menschen spricht das aus, das in ihm ist, wie denn der Herr sagt: dass der Mund aus der Fülle des Herzens ausspricht ...

Und darum soll ein guter Mensch sich vor Gott und vor sich selbst schämen, wenn er gewahr wird, dass Gott nicht in ihm ist und Gott, der Vater, nicht in ihm lebt und wirkt. Darum spricht David (der König) und klagt im Psalter: „Tränen waren mein Trost Tag und Nacht, solange man noch sagen konnte: Wo ist nun dein Gott?" (Psalm 41,4). Denn (bloßes) Hinneigen zum Äußerlichen und (der Versuch des) Trostfinden(s) am Untrost und das viele lustvolle Reden darüber sind ein sicheres Zeichen dafür, dass Gott in mir nicht sichtbar wird, nicht in mir wacht und nicht in mir wirkt … Ein guter Mensch soll niemals über Schaden klagen noch über Leid. Er soll vielmehr beklagen, dass er (überhaupt) klagt und dass er das Klagen und Leid in sich feststellt. (Pf 424 f)

Ein guter Mensch kann nicht ein solcher sein, der nicht will, was Gott in jedem besonderen Fall will. Denn es ist unmöglich, dass Gott etwas anderes als etwas Gutes (für ihn) will … Es ist (stets) notwendigerweise gut und gleichzeitig das Beste. Darum lehrte unser Herr die Apostel und uns durch sie, und wir beten alle Tage darum, dass Gottes Wille geschehe. Und doch, kommt und geschieht Gottes Wille, dann klagen wir, sind traurig und betrübt …

Ein guter Mensch soll auf Gott vertrauen, er soll glauben und gewiss sein und ihn so gut kennen, dass es Gott, seiner Güte und Liebe unmöglich ist zuzulassen, dass dem Menschen irgendein Leiden oder Schmerz zustoße … Wie dem auch sei: Schon allein deshalb, dass es Gottes Wille ist, dass es geschieht, soll des guten Menschen Wille so ganz und gar mit Gottes Willen eins und vereinigt sein. (Damit ist auch gemeint,) dass der Mensch mit Gott dasselbe will, auch wenn es sein Schaden oder (gar) seine Verdammnis wäre … Ein recht vollkommener Mensch soll sich selbst so gewöhnt haben, sich selbst abgestorben, seiner selbst so in Gott hineingebildet und in Gottes Willen so überbildet sein, dass seine ganze Seligkeit darin liegt. (Pf 425)

Ich nehme und schöpfe die Leiden in und aus Gottes Willen. Ein solches Leid ist allein vollkommenes Leid, denn es kommt und entspringt aus lauterer Liebe, aus der lautersten Güte und Freude Gottes. So wird wahr und man wird gewahr, was ich in diesem Büchlein geschrieben habe, nämlich dass der gute Mensch, so sehr er eben gut ist, in die Gutheit als solche eintritt, die in Gott selber lebt.

Nun merke, was für ein wundervolles Leben der Mensch auf Erden hat, (und zwar) wie selbst Gott im Himmel! Ihm dient (selbst) Ungemach als Gemach und Leid soviel wie Liebe … Denn wenn ich die Gnade und Güte habe, von der ich sprach, so bin ich allezeit und in jeder Hinsicht gleichmäßig völlig getröstet und fröhlich. Habe ich aber nichts davon, so soll ich es um Gottes willen (gern) und in Gottes willen entbehren. Will Gott das geben, was ich begehre, so habe ich es in Gottes Namen und bin auch damit zufrieden. Will Gott es aber nicht geben, dann empfange ich es (eben) entbehrend mit dem gleichen Willen Gottes, mit dem er nicht will. Und so empfange ich (dennoch), obwohl entbehrend und nicht nehmend. Was fehlt mir dann eigentlich? (Pf 426 f)

Ein guter Mensch, sofern er gut und allein aus dem Gutsein geboren, auch ein Bild der Gutheit ist, dem ist alles Geschaffene, dies wie jenes, eine Bitternis und etwas Schädliches. Dann ist dessen Verlust soviel wie ein Freiwerden von Leid und Ungemach und Schaden. Und in der Tat: Leid verlieren ist (schon) ein wahrer Trost. Denn alles Ungemach, Leid und Untrost ist äußerlich. Darum soll der Mensch (solchen) Schaden nicht beklagen. Er soll vielmehr klagen, dass ihm Trost und Gemach unbekannt ist und dass Trost ihn gar nicht trösten kann. Er soll vielmehr klagen, dass er dem Kreatürlichen nicht gänzlich entbildet ist; dass er nicht gebildet und eingepflanzt ist ins ganze Sein der Gutheit …

Darum, sollst du göttliche Freude empfangen, so musst du das Kreatürliche notwendigerweise ausgießen und wegwerfen. Darum spricht Sankt Augustinus: Gieße aus, damit du erfüllt werdest; lerne (in gewisser Weise) nicht zu lieben, damit du zu lieben lernst. Kehre dich ab, damit du zugekehrt werdest. Mit einem Wort: Alles, was aufnehmen und empfänglich sein soll, das soll und muss (erst) leer sein. (Pf 428 f)

Je vollkommener und reiner die Kräfte der Seele sind, desto vollkommener und umfassender nehmen sie das auf, was der (Mensch) erfasst. Sie empfangen umso mehr und empfinden um so größere Wonne …

Darum: Willst du in Gott vollen Trost und Freude empfangen, so sieh zu, dass du von aller Kreatürlichkeit, von allen kreatürlichen Trostversuchen frei werdest. Denn gewiss, solang dich die Kreatur tröstet und (noch) zu trösten vermag, solange findest du niemals den rechten Trost. Wenn dich aber nichts zu trösten vermag als Gott, wahrlich, so tröstet dich Gott und mit ihm und in ihm alles, was Wonne birgt. (Pf 429)

Gleichheit und feurige Liebe ziehen hinauf und führen die Seele in den ersten Ursprung des Einen, das der „Vater ist aller im Himmel und auf Erden“ (Eph 4,6). Daher sage ich, dass Gleichheit von dem Einen geboren ist und die Seele in Gott hinein zieht, wie er das Eine ist in seiner verborgenen Einung, denn das ist mit dem Einen gemeint. (Pf 430)

Auch in seinem Trostbuch kommt Eckhart auf das tätige Wirken zu sprechen. Und so hoch er am Beispiel der biblischen Marta die praktische Tätigkeit schätzt, so lässt er dennoch keinen Zweifel darüber aufkommen, wie viel höher der Wert des inneren Werkes seiner „Gottartigkeit“ wegen einzuschätzen sei. Dazu die Erwägung:

Niemals kann (auch) das äußere Werk klein sein, wenn das (zugehörige) innere groß ist; und niemals kann das äußere groß oder gut sein, wenn das innere klein oder minderwertig ist. Das innere Werk hat allezeit seine Größe, alle Weite und Länge in sich beschlossen. Das innere Werk nimmt und schöpft sein Wesen aus keinem anderen (Grund) als aus Gott und aus Gottes Herzen. (Pf 435)

Mit einem Rückgriff auf nichtchristliche Denker, die Eckhart zusammen mit christlichen Gewährsleuten reichlich zitiert, – hier ist es der römische Philosoph Seneca, ein Zeitgenosse des Paulus –, beschließt er „Das Buch der göttlichen Tröstung". Und so wie der Autor sich mit seiner Trostschrift an Trostbedürftige wendet, so plädiert er hier dafür, dass Ungelehrte gelehrt und letztlich auch Unbedarfte mit dem Höchsten vertraut werden, wie es beispielsweise Johannes bereits im Prolog seines Evangeliums zur Sprache bringt:

Seneca, ein heidnischer Meister, sagt: Von großen und hohen Dingen soll man mit großer und hoher Gesinnung sprechen und mit erhabener Seele. Auch wird man sagen, dass man solche Lehre nicht Unbedarften lehren oder schreiben soll. Dazu meine ich: Unterrichtet man nicht Ungelehrte, so wird niemals jemand unterrichtet werden; und dann kann niemand lehren oder schreiben. Denn gerade darum belehrt man die Ungelehrten, dass aus Ungebildeten Gebildete werden. Gäbe es nichts Neues, so würde nichts alt werden. Unser Herr sagt: „Die Gesunden bedürfen keiner Arznei", ist doch der Arzt dazu da, die Kranken gesund zu machen! Gibt es denn jemand, der dieses Wort missversteht? Sankt Johannes sagt das heilige Evangelium allen, den Glaubenden und Nichtglaubenden, damit sie gläubig werden. Und dennoch beginnt er das (Johannes-)Evangelium mit dem Höchsten, das ein Mensch über Gott auszusagen vermag. Und oft sind (freilich) seine und unseres Herrn Worte unrichtig aufgefasst worden.

Der liebreiche, milde Gott – die Wahrheit selbst – gebe mir und all denen, die dies Buch lesen werden, dass wir der Wahrheit in uns gewahr werden. Amen. (Pf 448)

III. Zum Geleit auf dem inneren Weg

Wie eingangs vermerkt, gehören zum deutschsprachigen Werk Meister Eckharts eine Reihe von Traktaten, darunter solche, die der mit der geistlichen Belehrung und Menschenführung beauftragte Ordensmann (Vicarius in Thüringen) seinen jüngeren Brüdern vortrug. Andere wollen der Verdeutlichung eines spirituellen Menschenbildes und der „göttlichen Tröstung" dienen. Dagegen treten spekulative Gedankengänge, wie man ihnen etwa in der zuvor erwähnten Armutspredigt begegnet ist, zurück. Es dominiert eher das Lebenspraktische, mithin das, was zum Geleit auf dem inneren Weg geeignet ist.

Wie bekannt, hebt Eckhart immer wieder das Ledigwerden hervor, indem er einen Freiheitsimpuls zur Geltung bringt. Daraus ist jedoch nicht etwa der Schluss zu ziehen, dass er das Gehorsamsprinzip als solches preisgegeben hätte, dem er durch das Mönchsgelübde unterworfen ist. Deutlich wird dies bereits im ersten Abschnitt seiner Unterweisungen „vom wahren Gehorsam". Dabei dürfte freilich zu klären sein, dass es sich hierbei nicht etwa um bloße Befolgung äußerer Richtlinien oder Nor-

men handelt. Aus dem Zusammenhang ergibt sich, dass damit beispielsweise der Verzicht auf die Durchsetzung egoistischer Antriebe und Wünsche gemeint ist, die den Menschen kaum weniger bedrängen können als äußerer Zwang:

Vom wahren Gehorsam

Wahrer und vollkommener Gehorsam ist eine Tugend vor allen Tugenden, mag das Werk noch so groß sein oder wie gering andererseits ein Werk sein mag. Nutzbringender ist es getan in wahrem Gehorsam, handle es sich um Messelesen und –hören, Beten, Kontemplieren oder was du dir denken willst … Wo der Mensch in Gehorsam aus seinem Ich heraustritt und sich des Seinen entledigt, so muss Gott notwendigerweise hineingehen. Denn wenn einer für sich selbst nichts will, für den muss Gott gleicherweise etwas wollen wie für sich selbst. (Pf 543)

Wo ich nichts will für mich, da will Gott für mich … Wo ich von meinem Ich lasse, da muss er für mich notgedrungen alles das wollen, was er für sich selbst will, das will Gott für mich … Im wahren Gehorsam darf es nicht geben ein „Ich will so oder so“, kein „Ich will dies oder das“, sondern nur ein vollkommenes Aufgeben des Deinen …

Eben das sagt Sankt Augustinus: Den getreuen Diener Gottes verlangt nicht, dass man ihm sage oder gebe, was er gerne sieht oder hört. Sein erstes, höchstes Bestreben ist (vielmehr) zu hören, was Gott am allermeisten gefällt. (Pf 544)

Vom kräftigsten Gebet

Auch und gerade das Gebet setzt eine ganzheitliche, aus einem ledigen Gemüt kommende Hinwendung zu Gott voraus, damit alle Vorstellungen und Kräfte auf das Eine, das not tut, gesammelt sind.

Das kräftigste Gebet und das allermächtigste, alle Dinge zu erreichen und das wesentlichste Werk zu schaffen, ist jenes, das aus einem ledigen (ich-freien) Gemüt hervorgeht. Je lediger es ist, umso kräftiger, würdiger, nützlicher, lobenswerter und vollkommener ist das Gebet samt dem Werk. Das ledige Gemüt vermag alles.

Was ist ein lediges Gemüt? – Das ist ein lediges Gemüt, das durch nichts belastet, an nichts gebunden ist, auch nicht auf das Seine sieht. Es ist (vielmehr) allermeist in den liebsten Willen Gottes eingesenkt und hat sich des Seinen entleert ...

So kraftvoll soll man beten, dass man wollte, alle Glieder und Kräfte des Menschen darauf konzentriert seien, nämlich Augen wie Ohren, Mund, Herz und alle Sinne. Damit soll man nicht nachlassen, man komme denn dahin, dass man ihn *gegenwärtig* hat zu dem man betet, und das ist Gott. (Pf 544 f)

Sich selbst lassen

Die Leute, die da Frieden suchen im Äußeren, sei es an Orten oder auf eine bestimmte Weise, bei Leuten oder in Werken, in der Fremde, in Armut oder Erniedrigung, wie immer das (alles) geartet sein mag oder was es sei, es ist dennoch alles nichts und verleiht keinen Frieden. Sie suchen an falschem Ort, die in solcher Weise suchen. Je weiter sie weggehen, umso weniger finden sie, was sie suchen …

Was soll der Mensch denn tun? Er soll zuerst sich selbst lassen, so hat er alles gelassen. Wahrhaftig, ließe ein Mensch ein Königreich oder die ganze Welt, aber hielte doch an sich fest, so hätte er gar nichts gelassen … Aber was du nicht begehren willst, das hast du alles preisgegeben und um Gottes willen gelassen. Darum sprach unser Herr: „Selig sind die Armen im Geist“ (Mt 5,3), das heißt: mit Willen … Achte auf dich selbst, und wo du dich findest, da lass von dir ab! Das ist das allerbeste. (Pf 546)

Wesentlich werden

Angelus Silesius (Johann Scheffler, 1624 – 1677), der sich für seine Versdichtung „Cherubinischer Wandersmann“ unter anderem auf Meister Eckhart bezieht, bringt die Aufgabe des auf dem spirituellen Weg befindlichen Menschen auf den Punkt:

Mensch, werde wesentlich, denn wenn die Welt vergeht,
so fällt der Zufall weg, das Wesen, das besteht.

Der Grund, auf dem das liegt, was des Menschen Wesen und Grund darstellt, der Grund, von dem her des Menschen Werke gut sind, besteht darin: dass des Menschen Gemüte und des Menschen Wesen gänzlich zu Gott gekehrt sei. Darauf gründe all dein Bestreben, dass dir Gott groß werde und dass all deine Mühe und Fleiß in deinem Tun und Lassen zugewandt sei.

Es ist wahr, je mehr du davon hast, desto besser sind alle deine Werke. Hafte du Gott an, so wendet er dir seine Güte zu. Suche Gott, so findest du mit Gott alles Gute. Ja, wahrlich, du bräuchtest in solcher Gesinnung (nur) auf einen Stein zu treten, so wäre das ein Gott gefälligeres Werk, als wenn du den Leib unseres Herrn empfängst, aber dabei mehr auf dich geachtet hättest und deine Absicht weniger selbstlos wäre.

Wer Gott anhaftet, dem haftet auch er an samt aller Tugend. Und was zuvor du gesucht hast, das sucht nun dich … Daher: Wer Gott intensiv anhaftet, dem haftet alles an, was göttlich ist: und dem entflieht alles, was Gott ungleich und fremd ist. (Pf 546 f)

Gott in allen Dingen

Gefragt, ob es den Leuten gut sei, die sich auf sich selbst zurückziehen und – um sich etwa in der Hauptsache in der Kirche aufzuhalten – von anderen absondern, da antwortet Eckhart mit einem klaren Nein. Darum könne es sich nicht handeln. Er begründet dies so:

Wer (als solcher selbst) recht (und in Ordnung) ist, der ist in Wahrheit an allen Orten und bei allen Leuten in Ordnung … Warum? Weil er einzig Gott hat und nur Gott im Sinne hat und alle Dinge (für ihn geradezu) zu Gott werden. Dieser Mensch trägt Gott in allen seinen Werken und an allen Stätten. Alle Werke dieses Menschen wirkt Gott allein. Denn wer das Werk vollbringt, dem gehört das Werk eigentlich und wahrhaftig, und nicht (so sehr) dem, er es (von außen betrachtet) vollbringt …

Der Mensch soll Gott in allen Dingen ergreifen. Er soll Gott allezeit gegenwärtig haben im Gemüt, im Streben wie in der Liebe. Achte darauf, wie du deinen Gott im Sinne hast, wenn du in der Kirche bist oder in der Zelle. Dieselbe Einstellung erhalte (darüber hinaus) aufrecht und trage sie unter die Menge, in die Unruhe und in die (Welt der) Ungleichheit …

Beten ist zwar ein besseres Werk als Spinnen und die Kirche eine edlere Stätte als die Straße. Aber du sollst beim Wirken eine (da wie dort) gleichgeartete Gemütsverfassung bewahren und ein gleiches Vertrauen und eine gleichmäßige Liebe zu deinem Gott …Gewiss, wärest du so gleichmütig, so würde dich niemand hindern (können), deinen Gott gegenwärtig zu haben. (Pf 548)

Wem daher Gott nicht in Wahrheit innewohnt, sondern wer Gott stets von außen nehmen muss, von diesem oder von jenem, und wer Gott in ungleicher Weise sucht, sei es in Werken, von Leuten oder an (irgendwelchen) Stätten, der hat Gott nicht … Es hindert ihn nicht allein eine böse Gesellschaft, sondern ihn hindert auch eine gute; es hindert ihn nicht allein die Straße, sondern auch die Kirche, und nicht allein böse Worte und Werke, sondern auch gute Worte und Werke. Denn das Hindernis liegt in ihm selbst, solange in ihm Gott noch nicht alle Dinge geworden ist …

Dieses wahrhafte Haben Gottes liegt am Gemüt und in einer inniglichen, vernünftigen Hinwendung und im Streben nach Gott und nicht (etwa) in einem bloßen ständigen Drandenken ... Der Mensch soll sich nicht genügen lassen mit einem (nur) gedachten Gott; denn wenn der Gedanke vergeht, vergeht auch ein solcher Gott. Und noch mehr: einen wesenhaften Gott soll man haben. Der ist hoch erhaben über die Gedanken des Menschen samt aller Kreatur. Dieser Gott vergeht nicht, es sei denn, der Mensch kehre sich willentlich von ihm weg. Wer nun Gott seinem Wesen nach hat, der nimmt Gott als göttlich und dem leuchtet er in allen Dingen, denn alle Dinge schmecken ihm göttlich und Gott erbildet sich ihm aus allen Dingen. (Pf 548)

Ein solcher Mensch sucht nicht Ruhe, denn ihn hindert keine Unruhe. Der Mensch wird mehr von Gott gelobt, wenn er alle Dinge als göttlich achtet, (und zwar) mehr als die Dinge an sich selber sind. Gewiss, hierzu gehören Fleiß und Liebeskraft ... Erlernen kann der Mensch dies nicht durch eine Flucht von den Dingen und von den Leuten, indem er sich in eine Einöde zurückzieht. Nicht auf äußerliche Weise, sondern mit einer innerlichen Einöde (oder Einsamkeit) soll er sich vertraut machen, wo immer er ist. Er muss lernen, die Dinge zu durchbrechen und seinen Gott in ihnen zu ergreifen und den kraftvoll in einer wesenhaften Weise in sich hineinbilden zu können ... Also soll der Mensch mit göttlicher Gegenwart leuchten, (und zwar) ohne Mühe. (Pf 549)

Furchtlos werden

Der Mensch soll sich durch kein Ding sonderlich erschrecken lassen, solange er von einem guten Willen durchdrungen ist, noch soll er betrübt werden, wenn ihm (irgendwelche) Werke misslingen. Auch soll er nicht meinen, fern der Tugend zu sein, wenn er einen rechten und guten Willen in sich findet. Denn die Tugend und alles Gute liegen im guten Willen. Dir kann letztlich nichts fehlschlagen, wenn du einen wahren, rechten Willen hast, weder Minne noch Demut noch Tugend. Vielmehr, was du kräftig und mit ganzem Willen willst, das hast du, und Gott und alle Kreaturen können dir das nicht wegnehmen, sofern der Wille ein ganzer und ein rechter göttlicher Wille zur Gegenwart hin ausgerichtet ist …

Wahrhaftig, mit dem Willen vermag ich alle Dinge. Ich kann gar aller Menschen Mühe übernehmen, alle Armen speisen und aller Menschen Werk wirken, und was du sonst noch erdenken magst. Fehlt es dir nicht an Willenskraft, sondern nur am Vermögen (sie praktisch umzusetzen), so hast du es vor Gott (dennoch) alles getan. Und niemand kann es dir nehmen noch dich einen Augenblick daran hindern; denn etwas tun wollen, sobald ich dazu fähig bin, und etwas getan haben, das ist vor Gott gleich. (Pf 552)

Wesen und Werk der Liebe

Bei allem Streben nach Innerlichkeit, nach Ge-Lassenheit und nach dem, was Eckhart als Abgeschiedenheit bezeichnet, schätzt er Wesen und Ausübung der Liebe nicht gering. Im Gegenteil, er stellt sie über Erscheinungsformen der geistlichen Erfahrung: Das wird deutlich, wo er am Beispiel zeigt, dass spirituelles Erhobenwerden, der sogenannte „raptus" als Ausdruck eines spontanen inneren Höhenerlebnisses, die Vernachlässigung der dienenden Nächstenliebe (caritas; diakonia) keinesfalls rechtfertigt.

Nun könntest du fragen: Wann ist ein Wille recht? Dann ist ein Wille vollkommen und recht, wenn er ohne Ich-Anhaftung ist und wann immer er sich selbst entäußert hat und in den Willen Gottes hineingebildet und hineingeformt ist. Ja, je mehr das der Fall ist, desto rechter und echter ist der Wille …

Liebe liegt ganz und gar im Willen; wer mehr Willen hat, der hat auch mehr Liebe. Nun gibt es aber noch ein Zweites, das ist ein Ausbruch und ein Werk der Liebe. Das sticht recht in die Augen, wie Innigkeit und Andacht und Jubilieren, und ist dennoch allerwege das Beste nicht … Das wird aus folgendem deutlich: Man soll nämlich von solchem Jubilus bisweilen ablassen, um eines Besseren aus Liebe willen und um zuweilen ein Liebeswerk zu wirken, wo ein solches nottut, sei es geistlich oder leiblich …

Wäre (um ein Beispiel zu geben) der Mensch so in Verzückung, wie es Sankt Paulus war, und wüsste einen kranken Menschen, der eines Süppleins von ihm bedürfte, ich erachtete es für weit besser, du ließest aus Liebe von der Verzückung ab und dientest dem Bedürftigen in größerer Liebe. Nicht soll der Mensch wähnen, dass er dabei Gnaden versäume, denn was der Mensch aus Liebe willig lässt, das wird ihm um vieles herrlicher zuteil. (Quint 66 f)

Was der Mensch gern hätte, aber verschmerzt und entbehrt um Gottes willen, sei es leiblich oder geistig, das findet er alles in Gott … Denn der Mensch soll aller Dinge willig um Gottes willen beraubt sein und in der Liebe sich allen Trostes entschlagen und begeben (verzichten) aus Liebe. (Quint 68)

Vom seligen Leben

Viele Leute meinen, dass sie in äußerer Weise große Werke tun sollten, etwa Fasten, Barfußgehen und dergleichen mehr, was man Werke der Buße nennt. Aber die wahre und allerbeste Buße, mit der man kräftig und im höchsten Maße (Buße oder) Besserung schafft, besteht darin, dass der Mensch eine große und vollkommene Abkehr vollziehe von allem, was nicht völlig Gott und göttlich an ihm selbst und an allen Kreaturen ist …

Und in welchen Werken du dies allermeist erreichen kannst und durch die Werke hast, die tue ganz freimütig. Hindert dich aber ein äußeres Werk, es sei Wachen, Fasten, Lesen oder was es sei, das lass freimütig beiseite, ohne besorgt zu sein, dass du darüber den Vollzug der Buße versäumen könntest. Denn Gott sieht nicht an, was die Werke sind, sondern allein, welche Liebe und Andacht und Gesinnung du jeweils in die Dinge hineingibst … Alle deine Werke sollen darin ihren Lohn haben, dass dein Gott sie kennt und du ihn dabei jeweils im Sinne hast. Das mag dir allezeit genug sein. (Pf 360 f)

Die Nähe Gottes

Eckharts Bedenken richten sich bisweilen darauf, seine Zeitgenossen, darunter seine Ordensbrüder, vielleicht noch mehr seine Predigthörer(innen), fühlten sich durch die Nichterfüllbarkeit einer konsequenten Christusnachfolge überfordert. Und weil ihnen das Christus-Leben oder das in mancher Hinsicht überaus anspruchsvolle Leben der Heiligen viel zu streng und zu mühsam erscheine, rückte ihnen Gott ferner und ferner. Aber mit derlei Verzagtheiten will er sie nicht allein lassen Ihre vermeintliche Minderwertigkeit will er überwinden helfen, indem er suchenden Menschen die Nähe Gottes zu einer Gewissheit werden lassen möchte. Jedes religiöse oder religiös verbrämte Leistungsdenken ist ihm fremd! Drei Jahrhunderte später wird der Wittenberger Augustiner Martin Luther, der zwar nicht Eckharts Schriften, wohl aber die von dessen Schüler Johannes Tauler kannte und schätzte, dem Dominikaner mit seinem „Allein aus Glauben, allein aus Gnaden“ (Sola fide, sola gratia) zustimmen. Einstweilen lautet Eckharts Zuspruch:

Der Mensch soll sich in keiner Weise als ferne von Gott stehend betrachten, weder eines Mangels oder einer Schwäche wegen oder was es sonst sein mag … Denn darin liegt ein großer Schaden, dass der Mensch sich Gott in die Ferne rückt, denn ob der Mensch (im Blick auf Gott) in der Nähe oder in der Ferne lebt, so geht doch Gott nie (von sich aus) in die Ferne; er bleibt beständig in der Nähe. Und sollte er nicht drinnen bleiben können, so entfernt er sich nicht weiter als bis vor die Tür.

So verhält es sich auch mit der Strenge der Nachfolge. Achte darauf, worin deine Nachfolge bestehen kann. Du musst erkennen und gemerkt haben, wozu Gott dich am stärksten aufgefordert hat. (Pf 561)

Mit dieser Frage an den einzelnen Menschen, versucht Eckhart bewusst zu machen, dass es nicht darauf ankommen könne, lediglich bestimmte Normen zu erfüllen oder dem menschlichen Handeln allein verbindliche Methoden einer strengen Lebensführung zugrunde zu legen, falls die dazu erforderliche Kraft zu deren Anwendung oder Erfüllung fehlen sollte.

Keinesfalls wurden die Menschen auf einen einzigen Weg gerufen ... Denn Gott hat des Menschen Heil nicht an eine besondere Weise (oder Methode) gebunden. Was eine Weise an sich hat (oder vermag), das hat die andere nicht ... Ein Gutes ist nicht gegen das andere gerichtet ...

Ein jeder behalte seine gute Weise und beziehe alle etwaigen anderen Weisen darin ein. Er ergreife in seiner Weise alles Gute und (damit) alle Weisen ... Nicht alle Menschen können einem einzigen Weg folgen. So verhält es sich auch mit dem Lebenswandel jener Heiligen. Solche Weise sollst du wohl lieben, und sie mag dir auch gefallen, ohne dass du gezwungen bist, ihr nachzufolgen. (Pf 562)

Über Nahrung und Kleidung musst du dir keinerlei Sorgen machen, dass du sie (gegebenenfalls) für zu gut hältst. Gewöhne dich vielmehr im Innersten und im Gemüt daran, hoch darüber zu stehen. Nichts soll dein Gemüt berühren zu Lust oder Liebe als Gott allein. Über alles andere sollst du erhaben sein … (Als ob) die (noch) schwache Innerlichkeit etwa durch das äußere Kleid zur Geltung gebracht werden müsste. Das Innerliche soll vielmehr das Äußere bestimmen …

Lernet gern von Gott in allen Dingen und folget ihm, so wird es recht mit euch gehen. (Pf 563)

Alles Absonderliche sollst du fliehen, sei es in Kleidung, in Speise, in Worten, etwa in groß(sprecherisch)en Worten, oder durch sonderliche Gebärden, die zu nichts nütze sind.

Der Mensch soll in unseren Herrn Jesus Christus hineingebildet sein, und zwar inwendig in allen Dingen, damit man in ihm einen Widerschein finde aller seiner Werke und seiner göttlichen Erscheinung. Auch soll der Mensch in vollkommener Gleichgestaltung – soweit er es vermag – alle Werke Christi in sich tragen.

Tue du dein Werk aus deiner vollen Sammlung heraus und aus deiner ganzen Überzeugung. Daran gewöhne dein Gemüt allezeit, dass du dich in allen deinen Werken in ihn hineinbildest. (Pf 564)

Eckhart ist realistisch genug, um in seinen Worten der Weisung, die ursprünglich seinen Mitbrüdern im Erfurter Konvent zugesprochen worden sind, solche Hinweise nicht ausspart, die sich auf Situationen des Versagens – des eigenen wie das der mit uns verbundenen Menschen –zu beziehen. So ist es ihm wichtig, zu einer angemessenen Einschätzung dessen zu kommen, was aus menschlicher Sicht in der Regel nur negativ besetzt ist, sub specie aeternitatis, das heißt aus höherer Sicht, jedoch als Notwendigkeit, zumindest aber als eine Fügung angesehen werden kann. Letztlich handle es sich jeweils um eine gute Gabe des getreuen Gottes, die den Gottesfreunden gewidmet ist und daher nicht negativ eingeschätzt werden sollte.

Nur deshalb lässt der getreue Gott zu, dass seine Freunde in Schwachheit fallen, damit ihnen aller Halt abgehe, auf den sie sich hinneigen oder stützen könnten. Denn es wäre für einen liebenden Menschen eine große Freude, wenn er viele und große Dinge vermöchte, sei es im Wachen, im Fasten oder in anderen Übungen, sowie in besonderen, großen und schweren Dingen. Dies ist ihnen eine große Freude, Stütze und Hoffnung, so dass ihnen ihre Werke Halt, Stütze und Verlass sind. Gerade das aber will unser Herr ihnen wegnehmen und will, dass allein Er ihr Halt und Verlass sei. Und das tut er aus keinem anderen Grunde als aus seiner bloßen Güte und Barmherzigkeit …

Denn Gott bewegt nichts anderes zu irgendeinem Werke als seine eigene Güte. Nichts frommen unsere Werke dazu, dass Gott uns etwas gebe oder tue. Unser Herr will, dass seine Freunde davon loskommen, und deshalb entzieht er ihnen solchen Halt, auf dass allein Er ihr Halt sei. Denn er will ihnen Großes geben und wills rein nur aus seiner freien Güte; und er soll ihr Halt und Trost sein … Je entblößter und lediger das Gemüt Gott zufällt und von Gott gehalten wird, desto tiefer wird der

Mensch in Gott versetzt, und um so empfänglicher wird er Gottes in allen seinen kostbaren Gaben, denn einzig auf Gott soll der Mensch bauen … (Quint 82)

Eckhart will seine hohe Einschätzung des Altarsakraments, den Empfang des Herrenleibs in Brot und Wein, nicht von dem abhängig gemacht sehen, was man bei der Kommunion empfindet oder zu spüren bekommt, auch nicht von der dabei erfahrenen Innigkeit oder Andacht. Wichtig ist ihm vielmehr der zu gewinnende Willensimpuls und die daraus wachsende Gesinnung, die wiederum im konkreten Lebensvollzug Gestalt gewinnen sollen.

Du sollst (dabei) deine Empfindung nicht zu hoch einschätzen; achte vielmehr für groß, was du liebst und erstrebst … Du sollst darauf bedacht sein, dass deine Liebe zu Gott wächst und die Ehrfurcht nicht erlischt. Und darum lass dir deinen Gott nicht abschwatzen oder wegpredigen … Verlangt es doch unseren Herrn, dass er in und bei dem Menschen wohne. (Pf 565)

Im Blick auf einen würdigen und regelmäßigen Empfang des Altarsakraments sind die folgenden Gedanken geformt:

Halte dich so, dass du das Sakrament würdig und oft nehmen mögest, so wirst du mit ihm vereinigt und mit seinem Leib geadelt werden. Ja, in dem Leib des Herrn wird die Seele so innig in Gott hineingefügt, dass alle Engel, sowohl die Cherubim wie die Seraphim keinen Unterschied zwischen ihnen beiden mehr erkennen oder herausfinden können. Denn wo sie an Gott rühren, da berühren sie die Seele; und wo die Seele, da Gott. Nie gab es eine so innige Einung. Denn die Seele ist viel näher mit Gott vereint als Leib und Seele, die den (ganzen) Menschen ausmachen.

Dabei lässt sich einwenden, dass man doch gar nichts Spektakuläres empfinde. Eckhart erwidert darauf mit der Frage: Was liegt eigentlich an einer subjektiven Wahrnehmung, an einem etwaigen Wohlgefühl nach Art sogenannter äußerer Wellness-Empfindungen, wo doch eine ganz andere Wirklichkeit den Ausschlag gibt?

Je weniger du empfindest und je intensiver du glaubst, desto löblicher ist dein Glaube. Er wird umso mehr geachtet und gelobt werden. Denn ein ganzer Glaube ist im Menschen viel mehr als ein bloßes Wähnen. In ihm haben wir ein wahres Wissen. In Wahrheit, uns fehlt es an nichts als an einem wahren Glauben …

Das Empfangen und selige Genießen des Leibes unseren Herrn hängt nicht nur am äußeren Genuss, sondern liegt auch am geistigen Genuss mit begehrendem Gemüt und in andachtsvoller Einung. Dies kann der Mensch so vertrauensvoll empfangen, dass er reicher an Gnaden wird als irgendein Mensch auf Erden. Dies kann der Mensch tausendmal am Tag und öfter vollziehen, er sei, wo er wolle, ob krank oder gesund. (Quint 85 f)

Großen Wert legt Eckhart immer wieder auf die Art und Weise, in der der Mensch tätig wird. Dabei müsse jeweils bestimmend werden, dass man eine wie auch immer geartete, auf das eigene Ego bezogene Einstellung aufgibt, in diesem Sinne selbstlos wird und dadurch eine durchgängige Ich-Freiheit erlangt.

Man soll lernen, dass man in seinen Werken frei und ledig ist. Das ist aber für einen noch ungeübten Menschen ungewohnt (und befremdlich) … Es gehört ein großer Eifer dazu, damit Gott ihm gegenwärtig sei und stets ganz unverhüllt beständig leuchte, zu jeder Zeit und wo auch immer. Dazu gehört ein behender Eifer, insbesondere zweierlei: Das eine ist, dass sich der Mensch innerlich wohlverschlossen halte. Sein Gemüt sei vor allen äußeren Bildern gewarnt, dass sie für ihn draußen bleiben und ihn in keiner befremdlichen Weise begleiten, ohne in ihm eine Stätte zu finden. Das andere ist, dass sich der Mensch weder durch seine inneren Bilder … noch durch das äußere Vielerlei zerstreuen lasse. Der Mensch soll (vielmehr) seine Kräfte … für sein Inneres gegenwärtig halten. (Pf 568)

Der Mensch muss sich daran gewöhnen, in nichts das Seine zu suchen und zu erstreben, vielmehr in allen Dingen Gott zu finden und zu erfassen … In allen Gaben und Werken müssen wir Gott ansehen lernen, und an nichts sollen wir uns genügen lassen und bei nichts stehen bleiben. Es gibt für uns kein Stehenbleiben bei irgendeiner Weise in diesem Leben … Vor allen Dingen soll sich der Mensch allezeit auf die Gaben Gottes gerichtet halten und immer wieder von Neuem. (Quint 89)

Daran schließt Eckhart die Frage an, ob man in Momenten einer inneren Erhebung sich allen süßen Gottgefühls entschlagen, *also darauf verzichten solle. Gemeint ist eine Empfindung, die von Trägheit oder von mangelnder Liebe herrühren könne und insofern zu tadeln wäre. Eckhart antwortet mit einem Ja, und zwar dann, wenn man den Unterschied nicht beachtet, auf den es jeweils ankommt:*

Denn komme es nun von Trägheit oder von wahrer Abgeschiedenheit oder Gelassenheit, so muss man darauf achten, ob, wenn man innerlich so ganz gelassen ist, man sich in diesem Zustande so erfindet, dass man Gott genau so treu ist, wie wenn man im stärksten Empfinden wäre … dass man sich aller Tröstung und aller Hilfe gegenüber ebenso ungebunden halte, wie mans täte, wenn man Gott gegenwärtig empfände. (Quint 91)

Der Mensch, der ein neues Leben oder ein neues Werk anfangen will, der soll zu seinem Gott gehen und von ihm mit großer Kraft und ganzer Sammlung begehren, dass er ihm das Allerbeste gewähre …, (der Mensch) dabei nicht das Seine, sondern einzig den liebsten Willen Gottes erstrebe und sonst nichts. Was immer ihm Gott dann zufügt, das nehme er als unmittelbar von Gott kommend an. Er halte es für sein Allerbestes und gebe sich damit ganz und vollkommen zufrieden. (Pf 571 f)

Eckharts Empfehlung und Rat ist auf eine jeweils gesammelte, alle Zerstreuung meidende Weise des Tuns und Lassens gerichtet, auch eine Beschränkung auf Weniges, aber Wesentliches. Dann wird eine Überforderung vermieden.

Der Mensch muss jeweils nur eines tun. Er kann nicht alles tun. Er muss nur je Eines sein, und in diesem Einen muss man alle Dinge ergreifen. Denn wenn der Mensch alles tun wollte, dies und jenes, und von seiner (ihm gemäßen) Weise lassen und eines anderen Weise annehmen, die ihm just gerade viel besser gefiele, fürwahr, das schüfe große Unbeständigkeit. (Quint 92)

Die Geschichte und Legende des geistlichen, besonders des asketischen Lebens kennt viele Beispiele, in denen sich übende Menschen ein Übermaß an Verzicht und Anstrengung aufgebürdet und dadurch Leib und Leben geschädigt haben. Solchen Übereifrigen, die einen Gegensatz zwischen Natur und Gnade unterstellen, erteilt Eckhart stets eine entschiedene Absage:

Gott ist nicht ein Zerstörer irgendeines Gutes, sondern er ist ein Vollbringer. Gott ist nicht ein Zerstörer der Natur, sondern ihr Vollender. Auch die Gnade zerstört die Natur nicht, sie vollendet sie vielmehr. Zerstörte Gott die Natur derart schon im Beginn, so geschähe ihr Gewalt und Unrecht; das tut er nicht. (Quint 93)

In diesem Zusammenhang stehen auch Worte, mit denen er dem Menschen einen freien Willen mit entsprechender Wahlfreiheit zuerkennt, die Entscheidung für Gut oder Böse, für Leben oder Tod. Damit ist gesagt:

Der Mensch soll frei sein und Herr seiner Werke, unzerstört und ungezwungen. Die Gnade zerstört die Natur nicht, sie vollendet sie. Die Verklärung zerstört die Gnade nicht, sie vollendet sie, denn Verklärung ist vollendete Gnade. Es gibt also nichts in Gott, was etwas zerstört, das irgendwie Sein hat.

Von daher gesehen bestätigt Eckhart den Menschen als einen, der Gott in allen Dingen sucht, so wie es ihm gemäß seiner Begabung bestimmt und ermöglicht ist, Gott in allen Dingen zu ergreifen. Daraus ergibt sich für ihn die Aufgabe des Menschen, ohne Unterlass innerlich – im Grunde ganzheitlich – zu wachsen, zuzunehmen und darin kein Ende zu finden. Eine selbstgenügsame, zugleich passiv bleibende Innerlichkeit stünde im Widerspruch zu einer solchen Lebenshaltung. Sinnvoll kann es nur sein – etwa analog zu dem benediktinischen „Ora et labora" (Bete und arbeite) – zu einem kontinuierlichen Ausgleich in Gestalt eines meditativen und eines aktiven Lebens zu kommen. Trägheit ist nicht geduldet.

Ist es aber so, dass es den Menschen zu keinem Werk zieht und er nichts unternehmen mag, so soll man sich gewaltsam zwingen zu einem Werk, sei es ein inneres oder ein äußeres. Denn an nichts soll sich der Mensch genügen lassen, wie gut es auch scheint oder sein mag …

Nicht als ob man seinem Innern entweichen oder entfallen oder absagen solle, sondern gerade in ihm und mit ihm und aus ihm soll man so wirken lernen, dass man die Innerlichkeit ausbrechen lasse in die Wirksamkeit und die Wirksamkeit hineinleite in die Innerlichkeit und dass man sich so gewöhne, ungezwungen zu wirken ... Will aber das äußere Werk das innere zerstören, so folge man dem inneren. Könnten aber beide in Einem bestehen, so wäre es das Beste, auf dass man ein Mitwirken mit Gott hätte. (Quint 94)

Die Armut des Geistes und das Sich-frei-Halten von den äußeren Dingen lässt die Frage nach einer angemessenen Vergeltung aufkommen. Eckharts Antwort kann nicht darin bestehen, dass er eine Lohnmoral predigt. Nicht irgendwelche „Sachleistungen" stellt er in Aussicht. Es ist vielmehr die Nähe und die Anwesenheit Gottes, auf die er hinweist. Im Übrigen ist es nur konsequent, dass man den Gedanken nach einer etwaigen Belohnung erst gar nicht ins Auge fasst. Deshalb auch in diesem Zusammenhang die Hochschätzung der Armut, von der Eckhart in seiner Armuts-Predigt „Beati pauperes spiritu" – Selig, die geistlich arm sind, denn ihrer ist das Himmelreich – gesprochen hat.

Dass wir uns frei halten von den Dingen, die außer uns sind, dafür will uns Gott zu eigen geben alles ... Dafür, dass ich um seinetwillen mich meiner selbst entäußere, dafür wird Gott mit allem, was er ist und zu bieten vermag, ganz und gar mein Eigen sein, ganz so mein wie sein, nicht weniger noch mehr. Tausendmal mehr wird er mein Eigen sein, als je ein Mensch ein Ding erwarb, das er in dem Kasten hat oder er je sich selbst zu eigen wurde. Nie ward etwas einem so zu eigen, wie Gott mein sein wird mit allem, was er vermag und ist.

Dies Eigen sollen wir damit verdienen, dass wir hinieden ohne Eigenbesitz unserer selbst und alles dessen sind, was nicht Er ist. Und je vollkommener und entblößter diese Armut ist, umso mehr zu eigen ist dieses Eigentum. Auf dieses Entgelt aber darf man es nicht absehen noch je danach ausschauen, und das Auge soll sich nie auch nur einmal darauf richten, ob man je etwas gewinnen oder empfangen werde als einzig durch die Liebe zur Tugend …

Der Mensch ist wahrhaft arm im Geiste, der alles das entbehren kann, was nicht nötig ist. (Quint 96 f)

Offensichtlich hat Eckhart – abgesehen von seinen eigenen, jüngeren Mitbrüdern – in seinen „Reden der Unterweisung“ Menschen vor sich, die sich zwar dem geistlichen Leben verschrieben haben und nun meinen, auf eine praktische Arbeit verzichten zu sollen. Dergleichen kann er aber nicht gutheißen, denn:

Wollte sich ein Mensch in sich selbst zurückziehen mit allen seinen Kräften, den inwendigen und den äußeren …, da sollte man darauf achten, ob es ihn nicht doch (natürlicherweise) zum Tun hindrängt. Wenn es aber so ist, dass es den Menschen zu keinem Wirken zieht, so soll man sich zur Aktivität zwingen, sei es innerlich oder äußerlich.

Damit soll natürlich nicht gesagt sein, dass man vom inneren, spirituellen Leben abwenden möge. Vielmehr geht es darum, durch einen inneren Impuls angestoßen zu werden und zu der jeweils erforderlichen praktischen Tätigkeit zu gelangen. Wiederum soll äußeres Tun einen Ansporn geben, in harmonischem Wechsel im Sinne des benediktischen „Ora et labora“ Einkehr zu halten.

Man soll lernen, so zu wirken, dass man sich daran gewöhnt, ungezwungen tätig zu sein … Will jedoch das äußere Werk das innere zerstören, so folge man dem inneren. Das Beste wäre, wenn beide – innere und äußere Aktivität – mit Gott zusammenwirken. (Pf 573 f)

Von Gottes Frieden umfangen

In diesem Zusammenhang kommt Eckhart auf den für die mittelalterliche Theologie und Mystik bedeutsamen Dionysios Areopagita (um 500) zu sprechen, dem er das Wort zuschreibt: „Der spricht am allerschönsten von Gott, der angesichts der Fülle des inneren Reichtums am tiefsten von ihm (mit ihm) schweigen kann." Und was das Tätigsein anlangt, so kann sich der Mensch letztlich keine Leistung zurechnen, weil es Gott ist, der die großen Dinge tut und das menschliche Tun „mit göttlichem Sein überformt". Insofern ist er es stets, der das Werk vollbringt.

Dafür danke Gott … Habe nur ihn im Sinn, und sei unbesorgt darum, ob Gott deine Werke wirke oder ob du sie wirkst. Denn Gott muss sie wirken, wenn du nur ihn im Sinne hast, ob er nun wolle oder nicht … Lass Gott in dir wirken. Ihm erkenne das Werk zu, und kümmere dich nicht darum, ob er mit der Natur oder übernatürlich wirke. Beides ist sein: Natur wie Gnade. Was geht's dich an, womit zu wirken ihm füglich ist oder was er wirkt in dir oder in einem anderen. (Quint 99 f)

So enden die „Reden der Unterweisung" mit dem Ausdruck einer großen Gelassenheit. Getragen wird sie von der Gewissheit, in Gott zu ruhen und in jeder Lebenslage seines Friedens gewiss zu sein.

Denn so viel bist du in Gott, so viel du in Frieden bist, und so viel außer Gott, wie du außerhalb des Friedens bist … Wie viel du in Gott bist, wie auch, ob dem nicht so sei, das erkenne daran: ob du Frieden oder Unfrieden hast. Denn wo du Unfrieden hast, darin musst du notwendig Unfrieden haben. Denn Unfriede kommt von der Kreatur und nicht von Gott. Auch ist nichts in Gott, das zu fürchten wäre. Alles, was in Gott ist, das ist nur zu lieben. Ebenso ist nichts in ihm, über das zu trauern wäre.

Wer seinen vollen Willen hat und seinen Wunsch, der hat Freude. Das hat aber niemand, als wessen Wille mit Gottes Willen völlig eins ist. Diese Einung gebe uns Gott! Amen. (Quint 100)

Anhang

Zeittafel

1260	Eckhart von Hochheim wird (mit großer Wahrscheinlichkeit) in der Nähe von Gotha geboren
ca. 1274	Eintritt ins Erfurter Dominikanerkloster
1286	Theologiestudium, wahrscheinlich in Köln
1289	Priesterweihe
1290	Studium in Paris
1293	Baccalaureus der Theologie in Paris
1294 – 1298	Prior des Dominikanerklosters in Erfurt; Vicarius seines Ordens in Thüringen; *Reden der Unterweisung*
1302	Magister der Theologie
1302/1303	Als Magister Lehrveranstaltungen in Paris (erstes Magisterium)
1303	Wahl zum Provinzial der norddeutschen Dominikaner-Provinz Saxonia mit Sitz in Erfurt, zu der damals ca. fünfzig Konvente gehören
1310	In Speyer wird Eckhart zum Provinzial der süddeutschen Ordensprovinz Teutonia gewählt

	Am 1. Juni wird die Begine Marguerite Porete, Autorin des Buches *Mirouer – Spiegel der einfachen Seelen*, in Paris als Ketzerin verbrannt. Agierender Inquisitor ist Eckharts Ordensbruder Wilhelm von Paris, der während Eckharts folgendem Paris-Aufenthalt mit ihm in einem Haus wohnt
1311/1313	Eckharts zweites Magisterium in Paris
1314 – 1324	unter anderem mit seelsorgerlichen Aufgaben in Straßburg sowie in oberdeutschen und schweizerischen Nonnenklöstern betraut
1324 – 1326	vielseitige Predigttätigkeit in Köln
1325	Der von Papst Johannes XXII. zum Visitator der süddeutschen Ordensprovinz Teutonia ernannte Dominikanertheologe Nikolaus von Straßburg spricht den der Häresie verdächtigten Meister Eckhart zwar vom Verdacht frei, es erfolgt aber im Herbst desselben Jahres die Einleitung eines Ketzerprozesses, initiiert durch den Kölner Erzbischof Heinrich II. von Virneburg
1325 – 1326	Zwei Dominikaner, die selbst der Kriminalität beschuldigt worden sind, legen dem päpstlichen Inquisitionsgericht in Avignon beschuldigende Texte aus den deutschen und lateinischen Schriften Eckharts vor, denen er mit der Verteidigungsschrift *Magisteri Eckardi responio* erwidert
1326	Im Januar richtet Eckart seine Appellation an den päpstlichen Stuhl in Avignon. 13. Februar: seine Predigt in der Dominikanerkirche zu Köln; anschließend lässt er mit notarieller Beglaubigung mutmaßliche Glaubensirrtümer widerrufen, sofern er Irrtümliches gesagt oder geschrieben haben sollte. 22. Februar: Eckhart wird mitgeteilt, dass seine Appellation rechtlich unbegründet sei

1327 – 1328	Im Prozess von Avignon werden die Anklagepunkte samt Eckharts Stellungnahme diskutiert und in Gutachten als häretisch beurteilt
1327	27. März: Papst Johannes XXII. veröffentlicht die Bulle *In agro dominico*: 28 Artikel werden als häretisch verurteilt, 17 sollen häretisch lautende Sätze enthalten, weitere elf gelten als häresieverdächtig, könnten aber mit entsprechenden Erläuterungen oder Ergänzungen eine dogmatisch vertretbare Deutung erfahren
1328	28. Januar: wahrscheinlicher Todestag von Meister Eckhart

Literatur

Eine bibliographische Übersicht mit Hinweisen auf Werk- und Einzelausgaben sowie Sekundärliteratur findet sich in: Meister Eckhart in Selbstzeugnissen und Bilddokumenten, hrsg. von Gerhard Wehr. Reinbek 1989, 7. Aufl. 2008 (Rowohlts Bildmonographie 376).

Albert, Karl: Einführung in die philosophische Mystik. Darmstadt 1996.

Angenendt, Arnold: Geschichte der Religiosität im Mittelalter. Darmstadt 1997.

Böhme, Wolfgang (Hrsg.): Meister Eckhart heute. Karlsruhe 1980.

Cognet, Louis: Gottes Geburt in der Seele. Einführung in die Deutsche Mystik. Freiburg 1980.

Dempf, Alois: Meister Eckhart. Freiburg 1960.

Fischer, Heribert: Meister Eckhart. Einführung in sein philosophisches Denken. Freiburg 1974.

Flasch, Kurt: Meister Eckhart. Versuch, ihn aus dem mystischen Strom zu retten, in: Gnosis und Mystik in der Geschichte der Philosophie. Hrsg. Peter Koslowski. Zürich 1988, S. 94 ff.

— Das philosophische Denken im Mittelalter. Von Augustinus zu Machiavelli. 2. revid. Aufl. Stuttgart 2006.

— Meister Eckhart. Die Geburt der deutschen Mystik aus dem Geist der arabischen Philosophie. München 2006.

— Meister Eckhart. Philosoph des Christentums. München 2010.

Fromm, Erich: Haben oder Sein. Die seelischen Grundlagen einer neuen Gesellschaft. Stuttgart 1976, S. 65 ff.

Haas, Alois Maria: Nim din selbes war. Studien zur Lehre von der Selbsterkenntnis bei Meister Eckhart, Johannes Tauler und Heinrich Seuse. Freiburg/Schweiz 1971.

— Meister Eckhart als normative Gestalt geistlichen Lebens. Einsiedeln 1976.

— Meister Eckhart, in: Große Mystiker. Wege und Wirken. Hrsg. G. Ruhbach/ J .Sudbrack. München 1984, S. 156 ff.

— Gottleiden – Gottlieben: Zur volkssprachlichen Mystik im Mittelalter. Frankfurt 1989, S. 153 ff., 286 ff.

— Mystik als Aussage. Erfahrungs- und Redeformen christlicher Mystik. Frankfurt 1996, S. 310 ff.

— Mystik im Kontext. München-Paderborn 2004, S. 203 ff.

John, Friedrich: Die Predigt Meister Eckharts. Seelsorge und Häresie. Heidelberg 1993.

Kern, Udo (Hrsg.): Meister Eckhart heute. München – Mainz 1980.

Langer, Otto: Mystische Erfahrung und spirituelle Theologie. Zu Meister Eckharts Auseinandersetzung mit der Frauenfrömmigkeit seiner Zeit. Zürich 1987.

— Christliche Mystik im Mittelalter. Mystik und Rationalisierung – Stationen eines Konflikts. Darmstadt 2004.

Largier, Niklaus (Hrsg.): Meister Eckhart. Werke I/II. Frankfurt 1993 (Bibliothek des Mittelalters, Band 20/21).

McGinn, Bernard: Die Mystik im Abendland. Band 4. Freiburg 2005, S. 167 – 340.

Manstetten, Reiner: Esse est Deus. Meister Eckharts christologische Versöhnung von Philosophie und Religion und ihre Ursprünge in der Philosophie des Abendlandes 1993.

Mieth, Dietmar (Hrsg.): Meister Eckhart. Gotteserfahrung und Weg in die Welt. Olten 1997.

Nigg, Walter: Das mystische Dreigestirn. Meister Eckhart, Heinrich Seuse, Johannes Tauler. Zürich 1988.

Raitt, Jill u.a. (Hrsg.): Geschichte der christlichen Spiritualität. Band II, Würzburg 1995, S. 154 ff.

Ruh, Kurt: Meister Eckhart. Theologe, Prediger, Mystiker. München 1985.

— Meister Eckhart, in: Geschichte der abendländischen Mystik. München 1996, Band III, S. 220 – 414.

— (Hrsg.) Abendländische Mystik im Mittelalter. Stuttgart 1986.

Stachel, Günter: Meister Eckhart. Beiträge zur Diskussion seiner Mystik. Würzburg 1998.

Stirnimann, Heinrich / Imbach, Ruedi (Hrsg.): Eckardus Teutonicus, homo doctus et sanctus. Freiburg/Schweiz 1992 (Dokimion 11).

Sudbrack, Josef: Weg zur Gottesmystik. Einsiedeln 1980.

Ueda, Shitsuteru: Die Gottesgeburt in der Seele und der Durchbruch zur Gottheit. Gütersloh 1965.

Wehr, Gerhard: Meister Eckhart in Selbstzeugnissen und Bilddokumenten. Reinbek 1989; 7. Auf. 2008 (rm 376).

— Christliche Mystiker. Von Paulus und Johannes bis Simone Weil und Dag Hammarskjöld. Regensburg 2008.

Welte, Bernhard: Meister Eckhart. Gedanken zu seinen Gedanken. Freiburg 1979.